Kalbitz · van der Broeck
Janischewski · Schwarz
Buchführung für Handwerksmeister

D1665479

Karl-Heinz Kalbitz · Heinrich van der Broeck
Wolfgang Janischewski · Detlef Schwarz

Buchführung für Handwerksmeister

545 Buchungen anhand von 207 Belegen
zur Vorbereitung
auf die Meisterprüfung

UDO PFRIEMER BUCHVERLAG IN DER
BAUVERLAG GMBH · WIESBADEN UND BERLIN

CIP-Titelaufnahme der Deutschen Bibliothek

Buchführung für Handwerksmeister: 545 Buchungen anhand
von 207 Belegen zur Vorbereitung auf die Meisterprüfung /
Karl-Heinz Kalbitz . . . – Wiesbaden; Berlin: Pfriemer in d.
Bauverl.-GmbH, 1989
ISBN 3-7625-2651-6

© 1989 Udo Pfriemer Buchverlag in der Bauverlag GmbH, Wiesbaden

Druck: Druck- und Verlagshaus Chmielorz GmbH, Wiesbaden

ISBN 3-7625-2651-6

Vorwort

Die wirtschaftlichen Erfolge eines selbständigen Handwerksmeisters hängen sicherlich in erster Linie von seiner fachlichen Qualifikation, seinen handwerklichen Leistungen sowie seiner Bereitschaft zur Übernahme eines unternehmerischen Risikos ab. Geht man den Fragen nach den Möglichkeiten der Verbesserung des wirtschaftlichen Erfolgs und der unternehmerischen Tätigkeit des Handwerksmeisters nach, so wird man in der überwiegenden Zahl der Fälle rasch auf die Notwendigkeit einer angemessenen kaufmännischen Führung des Handwerksbetriebes stoßen. Auf diesem Sektor stehen für Handwerksmeister die ordnungsgemäße Buchführung und die Kostenrechnung als Aufgaben- und Problemfelder an. Weiterhin begründen die bestehenden kaufmännischen und steuerrechtlichen Vorschriften die Pflicht zur ordnungsgemäßen Buchführung.

Den in der Vorbereitung auf die Ablegung der Meisterprüfung stehenden Junghandwerkern fehlt es im Gegensatz zu ihren meist umfangreichen berufspraktischen Erfahrungen und fachtheoretischen Kenntnissen an Fertigkeiten mit den kaufmännischen Aufgabenstellungen und Abläufen im Handwerksbetrieb. Ein Handwerksgeselle ist in der Regel mit dem kaufmännischen Teil der Abwicklung eines Auftrags und der Buchführung nicht befaßt.

Buchführung lernt man theoretisch in der Schule oder im Lehrgang, aus der täglichen Arbeit im Betrieb kennt man die Abwicklung von Buchungen jedoch nicht.

Für die Kenntnisvermittlung in der Buchführung verfügen die Handwerksgesellen also nicht über den wünschenswerten Erfahrungshorizont, daraus entsteht die Gefahr einer theoretischen Abhandlung der Buchführung ohne die notwendigen Verbindungen zur Praxis im Handwerksbetrieb.

Deshalb will das Buch durch eine Auswahl von praxisorientierten Belegen und deren Bearbeitung das Verständnis für die Zusammenhänge der Buchführung vermitteln. Die Autoren haben mit dem „Malermeister Hans Blau" bewußt ein Handwerk gewählt, dessen Geschäftsvorfälle und Buchungen leicht auf andere Handwerke übertragen werden können.

In den Vorbereitungslehrgängen auf Teil III der Meisterprüfung werden sicherlich Kenntnisse zum Einheitskontenrahmen des deutschen Handwerks und ggf. den Fachkontenrahmen für den einzelnen Handwerkszweig vermittelt. Der Kontenplan, der den Buchungen in diesem Buch zugrunde liegt, ist nur in den Leistungs- und Erlöskonten eindeutig auf den Malerbetrieb zugeschnitten. Damit kann dieser Kontenplan für andere Handwerksbetriebe gleicher Größe mit jeweils spezifischen Ergänzungen verwendet werden. Auf der Grundlage der doppelten Buchführung werden rund 200 Belege mit etwa 500 Soll-Haben-Buchungen erläutert und besprochen. Die Belege stellen eine gezielte Auswahl zu den in einem Handwerksbetrieb mit normalem Geschäftsablauf möglichen Buchungen dar.

Das Buch weicht bewußt von der üblichen systematischen Vorgehensweise in Buchführungslehrgängen ab und setzt deshalb Kenntnisse in der doppelten Buchführung voraus. Diese Kenntnisse sollten üblicherweise in den Vorbereitungslehrgängen erworben werden. Dem künftigen Handwerksmeister soll der Zugang zur Buchführung durch den

6

Umgang mit praxisnah gestalteten Belegen ermöglicht werden.

Dieses Buch will demnach in erster Linie den in der Vorbereitung auf die Ablegung einer Meisterprüfung befindlichen Junghandwerkern Verständnis für die Zusammenhänge und Abläufe zur Lösung von Buchführungsaufgaben vermitteln und ihnen ein Trainingsprogramm in Buchführungstechnik sein.

Aber auch für den gestandenen Handwerksmeister, der seine Buchführung selbständig bewältigt, können die ausgewählten Belege Vorlage für eigene Geschäftsvorfälle sein und Lösungshilfen für das Verbuchen gleicher oder ähnlicher Vorfälle im Geschäftsalltag bieten.

Weiterhin möchte dieses Übungsbuch den Lehrenden in den Vorbereitungslehrgängen auf die Meisterprüfung und den Mitgliedern von Prüfungsausschüssen eine Handreichung zur Unterstützung ihrer Arbeit sein.

Den Dozenten in den Vorbereitungslehrgängen geben verschiedene Belege die Gelegenheit zur Verknüpfung mit den Kontenrahmen anderer Handwerke und zur unterrichtlichen Vertiefung bestimmter Wissensgebiete. Dies könnten beispielsweise Fälle aus dem Zahlungsverkehr, dem Scheck-, Wechsel- und Mahnwesen oder den Lohnverbuchungen sein. Durch eine entsprechende Auswahl der Belege bei Übungen kann ebenso auf die Besonderheiten der Prüfungsanforderungen in den einzelnen Kammerbezirken hingearbeitet werden.

Aus diesem Grunde wurde auf die Verwendung eines Eingangsstempels bei allen Belegen verzichtet. Auch wurde anstelle der in Handwerksbetrieben und Firmen üblichen Bruttoverbuchung der Umsatzsteuer durchgängig die Nettoverbuchung vorgenommen.

Abschließend sei der Hinweis erlaubt, daß der „Malermeister Hans Blau" eine frei erfundene Person ist. Dies gilt ebenso für alle in den Belegen angegebenen Namen von Geschäftsfreunden und deren Anschriften, Bankverbindungen und Rufnummern. Eine Übereinstimmung mit lebenden Personen wäre rein zufällig und unbeabsichtigt. Die Belege im Zahlungsverkehr mit Banken, Sparkassen und Postgiroämtern sind ebenso fiktiv, führen jedoch aus naheliegenden Gründen die Namen bestehender Einrichtungen und Geldinstitute.

Im Falle einer Umstellung der Buchhaltung eines Handwerkers auf Datenverarbeitung sind die Kenntnisse der Verbuchung der Belege und deren Zuordnung zu Konten weiterhin erforderlich. Für diesen Fall ist für den einzelnen Betrieb jedoch geboten, den Bezug vom verwendeten Kontenrahmen zu der eingesetzten Software herzustellen.

Wiesbaden   Die Verfasser

Inhalt

Einführung

Im Kapitel 1, Grundlegendes zur Buchführung, wird ein kurzer Überblick über das Wesen der doppelten Buchführung gegeben und gleichzeitig in die Technik der Verbuchung exemplarisch eingeführt. Dafür wurde aus der Vielzahl der täglich in einem Handwerksbetrieb anfallenden Geschäftsvorgänge eine repräsentative Auswahl von Belegen getroffen und zusammengestellt. Das Lesen der Belege wird vorgeführt und davon auf die zugrundeliegenden Geschäftsvorfälle geschlossen. Daraufhin werden die ordnungsgemäße Behandlung der Belege erläutert und die richtigen Buchungssätze formuliert.

Im Kapitel 2 werden 207 Belege nach Monaten geordnet zur Übung und Vertiefung vorgestellt, und die richtige Verbuchung dieser Belege erfolgt im anschließenden Kapitel 3.

Belege und Buchungssätze der Kapitel 2 und 3 sind zwecks besserer Orientierung und rascher Auffindbarkeit sowohl durchnumeriert als auch nach Monaten zeitlich zugeordnet. Zusätzlich läßt sich aber auch ein bestimmter, gesuchter Beleg und dessen richtige Verbuchung über das Register im Anhang des Buches rasch nachschlagen und auffinden.

Kapitel 2 und 3 dienen dazu, die eigene buchungstechnische Kompetenz zu trainieren und zu verbessern. So lassen sich beispielsweise einzelne Belege in Kapitel 2 auswählen, probeweise verbuchen und die Richtigkeit der eigenen Analyse des zugrundeliegenden Geschäftsvorfalls und dessen stimmige Verbuchung überprüfen, indem man den jeweiligen Buchungssatz im Kapitel 3 nachschlägt und mit der eigenen Lösung vergleicht.

Zur Vorbereitung eines Jahresabschlusses dienen die Übungen des Kapitels 4, in dem sowohl die Gewinn- und Verlustrechnung als auch eine Schlußbilanz als Aufgabenstellung mit anschließender Lösung behandelt wird.

In Anhang zu diesem Buch finden Sie neben dem vorgenannten Register auch den in diesem Buch verwendeten Kontenrahmen, der in etwa, lediglich um einige Positionen verkürzt bzw. auf die besonderen Gegebenheiten des Maler- und Lackiergewerbes zugeschnitten, dem „Einheitskontenrahmen des deutschen Handwerks" entspricht.

Abschließend sei darauf hingewiesen, daß der diesem Buch zugrundeliegende Maler- und Lackiererbetrieb Hans Blau als Beispiel für einen typischen Handwerksbetrieb schlechthin angenommen wurde, so daß sich bei einiger Phantasie alle Buchungsvorgänge auch auf Handwerksbetriebe anderer Art übertragen lassen dürften.

1 Grundlegendes zur Buchführung

Im folgenden Abschnitt sollen die wesentlichen Prinzipien für die Lösung von Buchführungsaufgaben anhand von Belegen veranschaulicht werden. Hierbei geht es insbesondere darum, welche Überlegungen bei der Erfassung eines Beleges angestellt werden und welche Vorgehensweise bei der Durchführung der Buchungen sinnvollerweise eingeschlagen wird.

Die Bilanz

Grundlage und Ausgangspunkt für die Buchführung ist die Bilanz. In der Bilanz werden den in DM bewerteten Vermögensteilen (Aktiva) die Schulden (Passiva) eines Unternehmens zu einem bestimmten Zeitpunkt, dem Bilanzstichtag, gegenübergestellt.

Beispiel: Für den Malerbetrieb Hans Blau wird folgende Bilanz angenommen:

AKTIVA	Bilanz zum 1.1.19..		PASSIVA
Grundstücke und Gebäude	DM 120.000,00	Eigenkapital	DM 115.000,00
Betriebs- und Geschäftsausstattung	DM 30.000,00	Langfristige Verbindlichkeiten	DM 60.000,00
Fahrzeuge	DM 40.000,00	Schuldwechsel	DM 20.000,00
Forderungen an Kunden	DM 10.000,00	Verbindlichkeiten an Lieferanten	DM 20.000,00
Bank	DM 14.000,00		
Kasse	DM 1.000,00		
	DM 215.000,00		DM 215.000,00

1 Grundlegendes zur Buchführung

Da in einem Betrieb üblicherweise der Wert der Vermögensteile den der Schulden übersteigt, ergibt sich somit eine Differenz zwischen Aktivseite und Passivseite der Bilanz. Dies entspricht dem Eigenkapital des Unternehmens.

Die zum Stichtag angegebenen Bilanzposten sind nun im Rahmen des Betriebsgeschehens dauernden Änderungen unterworfen und die Bilanz müßte im Prinzip bei jedem Geschäftsvorfall neu aufgestellt werden.

Geschäftsvorfälle verändern die Bilanz

Beleg I Barabhebung vom Bankkonto

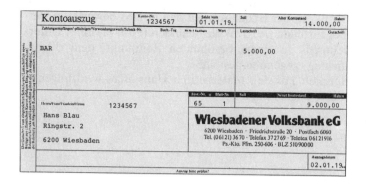

Hans Blau benötigt für die Kasse, d. h. für laufende Geschäfte, bei denen Bargeld erforderlich ist, zusätzliche Mittel, im Beispiel DM 5000,00. Die Bilanz erhält nun folgendes Aussehen:

14

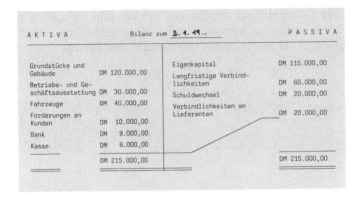

Beleg II Kunde überweist DM 5000,00 zum Ausgleich einer Forderung des Malerbetriebes

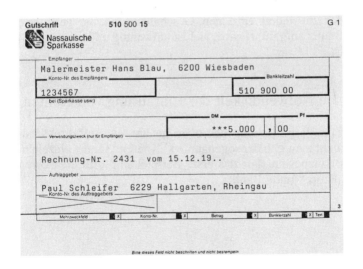

Das Bankguthaben erhöht sich um die DM 5000,00, die Forderungen an Kunden werden um den gleichen Betrag geringer. Dadurch ergibt sich für die neue Bilanz:

AKTIVA		Bilanz zum **3. 4. 19..**		PASSIVA
Grundstücke und Gebäude	DM 120.000,00	Eigenkapital	DM 115.000,00
Betriebs- und Geschäftsausstattung	DM 30.000,00	Langfristige Verbindlichkeiten	DM 60.000,00
Fahrzeuge	DM 40.000,00	Schuldwechsel	DM 20.000,00
Forderungen an Kunden	DM 5.000,00	Verbindlichkeiten an Lieferanten	DM 20.000,00
Bank	DM 14.000,00		
Kasse	DM 6.000,00		
	DM 215.000,00		DM 215.000,00

Zu beachten ist, daß sich bei beiden Beispielen weder die Bilanzsumme noch das Eigenkapital ändert.
Es ist einsichtig, daß diese Methode der Buchführung, bei der für jeden einzelnen Geschäftsvorfall die geänderte Bilanz aufgeführt wird, viel zu aufwendig und umständlich ist.

Die Notwendigkeit der Einführung von Konten

Zur Vereinfachung des oben genannten Verfahrens bedient man sich der sogenannten „Konten" für die einzelnen Bilanzposten. Für das erste Beispiel sind dies die Posten „Kasse" und „Bank".

SOLL		KASSE	HABEN
Anfangsbestand	DM 1.000,00		

S O L L	B A N K	H A B E N
Anfangsbestand DM 14.000,00		

Die Konten sind ähnlich wie die Bilanz selbst aufgebaut. Die Soll-Seite des Kontos entspricht der Aktiv-Seite der Bilanz, die Haben-Seite der Passiv-Seite.

Von der gesamten Bilanz werden also nur die Teile „Kasse" und „Bank" für sich getrennt betrachtet.

Aus dem Beleg II geht hervor, daß DM 5000,00 vom Bankkonto abgehoben wurden. Dies wird nun auf den beiden Konten wie folgt verbucht:

Der Bestand des Kontos „Kasse" von DM 1000,00 wächst um DM 5000,00 und erreicht somit DM 6000,00.

S O L L	K A S S E	H A B E N
Anfangsbestand DM 1.000,00		
Zugang DM 5.000,00		
Neuer Bestand DM 6.000,00		

Die ausführliche Zwischenrechnung soll nun dem Verständnis für die angestellten Überlegungen dienen und wird in dieser Form nicht durchgeführt.

Der Bestand des Kontos „Bank" verringert sich gleichzeitig um die DM 5000,00, um die der Kassenbestand zunimmt. Diese Verringerung des Bestandes wird durch eine Buchung auf der Haben-Seite des Kontos dargestellt.

17

SOLL		BANK	HABEN
Anfangsbestand	DM 14.000,00	Abhebung	DM 5.000,00
Neuer Bestand (Differenz)	DM 9.000,00		

Der neue Bestand ergibt sich rechnerisch aus der Differenz der Soll- und Haben-Seite.

Doppelte Buchführung

An dem gezeigten Beispiel der Barabhebung vom Bankkonto (Beleg I) wird ein Grundprinzip der Buchführung deutlich:
Der Buchung auf der Soll-Seite eines Kontos steht immer die Buchung auf der Haben-Seite gegenüber, oder, mit anderen Worten ausgedrückt, wenn auf einer Seite eines Kontos ein bestimmter Betrag hinzukommt, muß der gleiche Betrag auf einer entgegengesetzten Seite, die die Entnahme anzeigt, ebenfalls erscheinen. Buchung und Gegenbuchung müssen sich wertmäßig immer entsprechen.
Theoretisch könnte man die Buchungen auch durch Verwendung von negativen Zahlen auf nur einer Seite des Kontos ausführen, dieses Verfahren wäre aber insgesamt wegen der Vorzeichenproblematik kompliziert.

Die Bildung von Buchungssätzen

In der Sprache der Buchführung lautet der sogenannte Buchungssatz für das Beispiel der Barabhebung:

Kasse	5000,00 DM	an	Bank	5000,00 DM
Soll-Buchung			Haben-Buchung	

Die Soll-Buchung wird demnach immer zuerst genannt.

Weitere Buchungen auf Konten anhand von Belegen

Buchung der Banküberweisung des Kunden zum Ausgleich einer Forderung (s. Beleg II)

Benötigte Konten: Forderung an Kunden, Bank

S O L L	FORDERUNGEN AN KUNDEN		H A B E N
Anfangsbestand	DM 10.000,00	Minderung der Forderung	DM 5.000,00
Neuer Bestand	DM 5.000,00		

S O L L	B A N K	H A B E N
Anfangsbestand	DM 9.000,00	
Überweisung von Kunden	DM 5.000,00	
Neuer Bestand	DM 14.000,00	

Buchungssatz

Bank	5000,00 DM	an	Forderungen	5000,00 DM
Soll-Buchung			Haben-Buchung	

Beleg III Überweisung einer fälligen Lieferantenrechnung

Benötigte Konten: Bank, Verbindlichkeiten
an Lieferanten

Zu beachten ist hierbei, daß die Verbindlichkeiten an
Lieferanten auf der Haben-Seite des Kontos stehen müs-
sen. Die Schulden stehen in der Bilanz auf der Passiv-Seite,
man spricht deshalb von dieser Art Konto auch von einem
Passiv-Konto, während die Konten „Kasse" und „Bank"
Beispiele für Aktiv-Konten sind.

Welche Überlegungen müssen bei dieser Buchung angestellt werden?
Vom Bankkonto werden DM 5000,00 an den Lieferanten
überwiesen, der Bestand nimmt ab, die Buchung erfolgt
demnach auf der Haben-Seite.

SOLL		BANK		HABEN
Anfangsbestand	DM 14.000,00	Überweisung an Lieferanten	DM 5.000,00	
Neuer Bestand	DM 9.000,00			

Dadurch, daß einem Lieferanten DM 5000,00 überwiesen wurden, verringert sich die Verbindlichkeit an den Lieferanten von DM 20 000,00 auf DM 15 000,00. Das wird buchungstechnisch durch eine Soll-Buchung erreicht.

SOLL		VERBINDLICHKEITEN AN LIEFERANTEN		HABEN
Begleichung von Ver-bindlichkeiten	DM 5.000,00	Anfangsbestand	DM 20.000,00	
		Neuer Bestand	DM 15.000,00	

Buchungssatz
Verbindlichkeiten an
Lieferanten   5000,00 DM an Bank   5000,00 DM
Soll-Buchung   Haben-Buchung

1 Grundlegendes zur Buchführung

Beleg IV Einlage von Privatvermögen

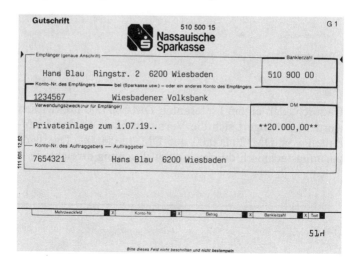

Benötigte Konten: Bank, Eigenkapital-Konto
Vorgehensweise bei der Buchung:
Auf das Bankkonto werden DM 20 000,00 aus dem Privatvermögen überwiesen, das Bankguthaben des Betriebes wächst.

S O L L		B A N K	H A B E N
Anfangsbestand	DM 9.000,00		
Zugang durch Privat-einlage	DM 20.000,00		
Neuer Bestand	DM 29.000,00		

Auch das Eigenkapital wächst. Zu beachten ist, daß das Eigenkapital gewissermaßen „Schulden" des Betriebes an den Kapitalgeber sind, die durch die Einlage erhöht werden. Auch aus dem System der doppelten Buchführung folgt zwingend, daß der Soll-Buchung beim Konto „Bank" eine Haben-Buchung entsprechen muß.

SOLL	EIGENKAPITAL		HABEN
	Anfangsbestand	DM 115.000,00	
	Einlagen	DM 20.000,00	
	Neuer Bestand	DM 135.000,00	

Buchungssatz
Bank   20 000,00 DM an Eigenkapital 20 000,00 DM
Soll-Buchung   Haben-Buchung

Beleg V Inhaber Hans Blau entnimmt aus der Kasse für private Zwecke DM 2000,00 (Privatentnahme)

Eigenbeleg Kasse	DM
Für private Zwecke der Kasse entnommen	**2.000,00**
21.03.19..	
H. Blau	

1 Grundlegendes zur Buchführung

Benötigte Konten: Privatkonto, Kasse

SOLL		KASSE		HABEN
Anfangsbestand	DM 6.000,00	Entnahme	DM 2.000,00	
Neuer Bestand	DM 4.000,00			

SOLL	PRIVAT		HABEN
	aus Entnahme	DM 2.000,00	

Vorgehensweise bei der Buchung:
Der Bestand der Kasse nimmt um DM 2000,00 ab, deshalb erfolgt die Buchung auf der Haben-Seite. Die Gegenbuchung auf dem Privatkonto – ein Unterkonto des Eigenkapital-Kontos, eines Passiv-Kontos – erfolgt entsprechend auf der Soll-Seite.

Buchungssatz

Privat	2000,00 DM	an	Kasse	2000,00 DM
Soll-Buchung			Haben-Buchung	

Vorüberlegungen bei der Durchführung von Buchungen

1. Um welche Konten handelt es sich? z. B. Kasse, Bank, Verbindlichkeiten an Lieferanten.
2. Handelt es sich um Aktiv-Konten oder Passiv-Konten?

3. Wird der Anfangsbestand bei den Konten erhöht oder verringert?

	Erhöhung	Verringerung
Aktiv-Kosten	Soll-Seite	Haben-Seite
Passiv-Konten	Haben-Seite	Soll-Seite

4. Es ist im allgemeinen günstig, mit einer „einfachen" Buchung anzufangen, d. h. einen Vorgang, der einsichtig ist, z. B. Erhöhung oder Verringerung des Kassenbestandes. Die Gegenbuchung ergibt sich dann schon aus systematischen Gründen, d. h. zu einer Soll-Buchung muß dann eine Haben-Buchung erfolgen oder umgekehrt.

5. Soll-Buchungen und Haben-Buchungen müssen wertmäßig übereinstimmen.

Buchung von Aufwand und Ertrag

Bei den bislang genannten Geschäftsvorfällen wurde – außer bei der Einlage von Privatvermögen und der Privatentnahme – das Eigenkapital des Betriebes nicht berührt. Nun ist es aber vordringliche Aufgabe des betrieblichen Handelns, einen Gewinn zu erzielen. In der Bilanz drückt sich dies durch eine Erhöhung des Eigenkapitals aus. Im genannten Beispiel der Privateinlage (Beleg IV) wird das Eigenkapital nicht durch betriebliches Geschehen erhöht. Es ist deshalb nicht auf betrieblichen „Erfolg" zurückzuführen.

Erfolgsvorgänge, die letztendlich das Eigenkapital verändern, müssen selbstverständlich im Rahmen der Buchführung auch erfaßt werden. Dies geschieht auf besonderen Konten, den Erfolgskonten. Diese sind im Prinzip Unterkonten des Eigenkapitalkontos, eines Passivkontos, und die Buchungsvorgänge entsprechen den beiden Beispielen (Beleg IV und V), die das Eigenkapitalkonto bzw. das

Privatkonto betrafen. Diese Unterkonten des Eigenkapitalkontos erscheinen jedoch nicht direkt in der Bilanz. Sie werden am Jahresende in der sogenannten „Gewinn- und Verlustrechnung" zusammengefaßt und deren Saldo (Gewinn oder Verlust) auf das Eigenkapitalkonto übertragen.

Vereinfacht kann deshalb gesagt werden: Alle Vorgänge, die das Eigenkapital erhöhen, die „Erträge" bringen, werden auf der Haben-Seite gebucht und alle Vorgänge, die das Eigenkapital vermindern, die „Aufwand" darstellen, werden auf der Soll-Seite gebucht.

Am Beispiel der Zahlung der Gewerbesteuer (Beleg VI) ist die Buchung eines Aufwandes dargestellt, die Zinsgutschrift (Beleg VII) dient als Beispiel für die Buchung eines Ertrags.

Beleg VI Zahlung der Gewerbesteuer per Banküberweisung

Buchung von Aufwand und Ertrag

SOLL		BANK		HABEN
Anfangsbestand	DM 4.000,00	Gewerbesteuer		DM 2.000,00
Neuer Bestand	DM 2.000,00			

SOLL		STEUERN, GEBÜHREN BEITRÄGE, VERSICHERUNGEN	HABEN
Gewerbesteuer	DM 2.000,00		

Buchungssatz

Steuer, Gebühren,		an	Bank	2000,00 DM
Beiträge, Ver-				
sicherungen	2000,00 DM			
Soll-Buchung			Haben-Buchung	

Beleg VII Hans Blau erhält eine Zinsgutschrift von seiner Bank

Kontoauszug	Konto-Nr. 1234567	Saldo vom 28.06.19..	Soll	Alter Kontostand 29.000,00	Haben
Zahlungsempfänger/-pflichtiger/Verwendungszweck/Scheck-Nr.	Buch.-Tag	PN-Nr / Rückzüge Wert	Lastschrift		Gutschrift
Zinsabschluß per 30.06.19..		098 2131			80,00

		Absz.-Nr. Blatt-Nr.	Soll	Neuer Kontostand	Haben
Herrn/Frau/Fräulein/Firma 12345		B 432 3		29.080,00	

Hans Blau
Ringstr. 2
6200 Wiesbaden

Wiesbadener Volksbank eG
6200 Wiesbaden · Friedrichstraße 20 · Postfach 6060
Tel. (06121) 3670 · Telefax 372769 · Teletex 06121916
Ps.-Kto. Ffm. 250-606 · BLZ 51090000

Auszugsdatum 02.07.19..

Auszug bitte prüfen!

1 Grundlegendes zur Buchführung

SOLL		BANK		HABEN
Anfangsbestand	DM 29.000,00			
Zugang	DM 80,00			
Neuer Bestand	DM 29.080,00			

SOLL	ZINS-, SKONTI- UND DISKONTERTRÄGE		HABEN
			DM 80,00

Buchungssatz

Bank 80,00 DM   an   Zins-, Skonti- und
Diskonterträge   80,00 DM

Soll-Buchung   Haben-Buchung

Die Grundtypen der Bilanzveränderungen

Alle Buchungsfälle lassen sich prinzipiell in vier Grundtypen einteilen, die im folgenden anhand von 4 Belegen erläutert werden:

1. Aktivtausch

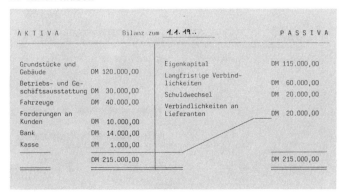

AKTIVA		Bilanz zum 1.1.19..	PASSIVA	
Grundstücke und Gebäude	DM 120.000,00	Eigenkapital	DM 115.000,00	
Betriebs- und Geschäftsausstattung	DM 30.000,00	Langfristige Verbindlichkeiten	DM 60.000,00	
Fahrzeuge	DM 40.000,00	Schuldwechsel	DM 20.000,00	
Forderungen an Kunden	DM 10.000,00	Verbindlichkeiten an Lieferanten	DM 20.000,00	
Bank	DM 14.000,00			
Kasse	DM 1.000,00			
	DM 215.000,00		DM 215.000,00	

Beleg VIII Barabhebung für die Kasse

Kontoauszug	Konto-Nr. 1234567	Saldo vom 25.01.19..	Soll	Alter Kontostand 14.000,00	Haben
Zahlungsempfänger/-pflichtiger/Verwendungszweck/Scheck-Nr.	Buch.-Tag	PN-Nr./Buchtage Wert	Lastschrift		Gutschrift
BAR		234 0208	3.000,00		

| | Ausz.-Nr. 67 | Blatt-Nr. 1 | Soll | Neuer Kontostand 11.000,00 | Haben |

Herrn/Frau/Fräulein/Firma

Hans Blau
Ringstr. 2

6200 Wiesbaden

Wiesbadener Volksbank eG

6200 Wiesbaden · Friedrichstraße 20 · Postfach 6060
Tel. (06121) 36 70 · Telefax 37 27 69 · Teletex 0 61 21 916
Ps.-Kto. Ffm. 250-606 · BLZ 510 900 00

Auszugsdatum
27.01.19..

Auszug bitte prüfen!

A K T I V A	Bilanz zum _____	P A S S I V A
Grundstücke und Gebäude	DM 120.000,00	Eigenkapital DM 115.000,00
Betriebs- und Geschäftsausstattung	DM 30.000,00	Langfristige Verbindlichkeiten DM 60.000,00
Fahrzeuge	DM 40.000,00	Schuldwechsel DM 20.000,00
Forderungen an Kunden	DM 10.000,00	Verbindlichkeiten an Lieferanten DM 20.000,00
Bank	DM 11.000,00	
Kasse	DM 4.000,00	
	DM 215.000,00	DM 215.000,00

2. Passivtausch

A K T I V A	Bilanz zum *1.1.19..*	P A S S I V A
Grundstücke und Gebäude	DM 120.000,00	Eigenkapital DM 115.000,00
Betriebs- und Geschäftsausstattung	DM 30.000,00	Langfristige Verbindlichkeiten DM 60.000,00
Fahrzeuge	DM 40.000,00	Schuldwechsel DM 20.000,00
Forderungen an Kunden	DM 10.000,00	Verbindlichkeiten an Lieferanten DM 20.000,00
Bank	DM 14.000,00	
Kasse	DM 1.000,00	
	DM 215.000,00	DM 215.000,00

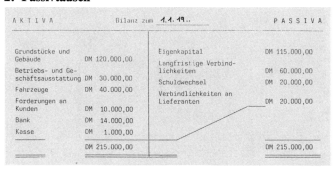

Beleg IX Eine Lieferantenrechnung wird mit Wechsel beglichen

6500 Mainz , den 16.März 19.....

Ort und Tag der Ausstellung (Monat in Buchstaben)

Nr. d. Zahl.-Ortes

Wiesbaden
Zahlungsort

16.06.19.

Verfalltag

Gegen diesen **Wechsel** - erste Ausfertigung - zahlen Sie am 16.Juni 19...

Monat in Buchstaben

an eigene Order

DM ==7.000,00==

Betrag in Ziffern

Deutsche Mark   Siebentausend

Betrag in Buchstaben

Bezogener Hans Blau

Ringstr. 2

in 6200 Wiesbaden

Ort und Straße (genaue Anschrift)

Zahlbar in Wiesbaden

Zahlungsort

bei BLZ Wiesbadener Volksbank 1234567

Name des Kreditinstituts   i. L. Konto Nr.

510 900 00

Willibert Bussen
Malerbedarf
Im Farbgewann 6
6500 Mainz

Unterschrift und genaue Anschrift des Ausstellers

Angenommen

Hans Blau

Sigel-formular Einheitswechsel Din 5004

30

Grundtypen der Bilanzveränderung

A K T I V A		Bilanz zum _____		P A S S I V A
Grundstücke und Gebäude	DM 120.000,00	Eigenkapital	DM 115.000,00	
Betriebs- und Geschäftsausstattung	DM 30.000,00	Langfristige Verbindlichkeiten	DM 60.000,00	
Fahrzeuge	DM 40.000,00	Schuldwechsel	DM 27.000,00	
Forderungen an Kunden	DM 10.000,00	Verbindlichkeiten an Lieferanten	DM 13.000,00	
Bank	DM 14.000,00			
Kasse	DM 1.000,00			
	DM 215.000,00		DM 215.000,00	

Weder bei dem Aktivtausch noch dem Passivtausch ändern sich die Bilanzsummen.

3. Bilanzverlängerung

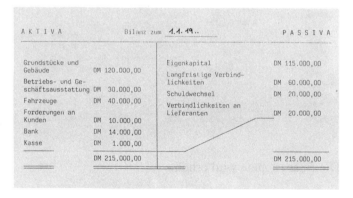

A K T I V A		Bilanz zum 1.1.19..		P A S S I V A
Grundstücke und Gebäude	DM 120.000,00	Eigenkapital	DM 115.000,00	
Betriebs- und Geschäftsausstattung	DM 30.000,00	Langfristige Verbindlichkeiten	DM 60.000,00	
Fahrzeuge	DM 40.000,00	Schuldwechsel	DM 20.000,00	
Forderungen an Kunden	DM 10.000,00	Verbindlichkeiten an Lieferanten	DM 20.000,00	
Bank	DM 14.000,00			
Kasse	DM 1.000,00			
	DM 215.000,00		DM 215.000,00	

1 Grundlegendes zur Buchführung

Beleg X Ein Bankdarlehen wird aufgenommen.

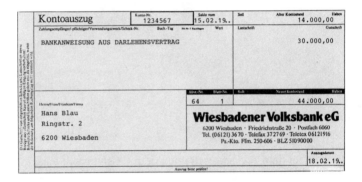

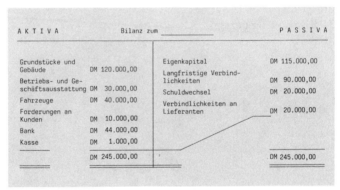

Die Bilanzsumme wird erhöht.

4. Bilanzverkürzung

A K T I V A		Bilanz zum 1.1.19..		P A S S I V A
Grundstücke und Gebäude	DM 120.000,00	Eigenkapital	DM 115.000,00	
Betriebs- und Ge- schäftsausstattung	DM 30.000,00	Langfristige Verbind- lichkeiten	DM 60.000,00	
Fahrzeuge	DM 40.000,00	Schuldwechsel	DM 20.000,00	
Forderungen an Kunden	DM 10.000,00	Verbindlichkeiten an Lieferanten	DM 20.000,00	
Bank	DM 14.000,00			
Kasse	DM 1.000,00			
	DM 215.000,00		DM 215.000,00	

Beleg XI Eine Lieferantenrechnung wird durch Banküberweisung beglichen.

Durchschrift		51090000 Wiesbadener Volksbank eG 6200 WIESBADEN 1	
Empfänger (genaue Anschrift)			Bankleitzahl
Josef Merker, 5244 Daaden			573 510 30
Konto-Nr. des Empfängers	bei (Kreditinstitut)		
191919	Volksbank Daaden		DM
Verwendungszweck (nur für Empfänger)			
Rechnung Nr. 231 vom 23.08.19.. Malereibedarf			**10.000,00**
Konto-Nr. des Auftraggebers	Auftraggeber		
1234567	Hans Blau, 6200 Wiesbaden		
	28.08.19.. Datum	H. Blau Unterschrift	

A K T I V A		Bilanz zum _____		P A S S I V A
Grundstücke und Gebäude	DM 120.000,00	Eigenkapital	DM 115.000,00	
Betriebs- und Geschäftsausstattung	DM 30.000,00	Langfristige Verbindlichkeiten	DM 60.000,00	
Fahrzeuge	DM 40.000,00	Schuldwechsel	DM 20.000,00	
Forderungen an Kunden	DM 10.000,00	Verbindlichkeiten an Lieferanten	DM 10.000,00	
Bank	DM 4.000,00			
Kasse	DM 1.000,00			
	DM 205.000,00		DM 205.000,00	

Die Bilanzsumme wird verringert.

Zusammengesetzte Buchungen

Bei den vorangegangenen Belegen waren jeweils nur eine Soll- und eine Haben-Buchung erforderlich und somit wurden nur zwei Konten berührt. In vielen Fällen sind Buchungen jedoch komplexer, es werden mehr als nur zwei Konten, das Minimum für einen Buchungsgang, bewegt.
Im folgenden sollen auch solche zusammengesetzte Buchungen exemplarisch erläutert werden, dazu werden auch Hinweise zur Lösungsstrategie dieser Buchungsaufgaben gegeben. Die Reihenfolge der Lösungsschritte ist auf den Belegen in eingekreisten Ziffern kenntlich gemacht.

Beleg XII Zielkauf von Rohstoffen

Die Angaben auf Beleg XII werden sinnvollerweise in 7 Schritten erfaßt und entsprechend gebucht.

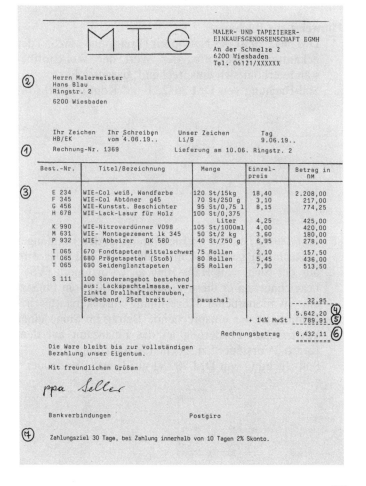

MTG

MALER- UND TAPEZIERER-EINKAUFSGENOSSENSCHAFT EGMH
An der Schmelze 2
6200 Wiesbaden
Tel. 06121/XXXXXX

② Herrn Malermeister
Hans Blau
Ringstr. 2

6200 Wiesbaden

Ihr Zeichen	Ihr Schreiben	Unser Zeichen	Tag
HB/EK	vom 4.06.19..	Li/B	9.06.19..

① Rechnung-Nr. 1369   Lieferung am 10.06. Ringstr. 2

③

Best.-Nr.	Titel/Bezeichnung	Menge	Einzel-preis	Betrag in DM
E 234	WIE-Col weiß, Wandfarbe	120 St/15kg	18,40	2.208,00
F 345	WIE-Col Abtöner g45	70 St/250 g	3,10	217,00
G 456	WIE-Kunstst. Beschichter	95 St/0,75 1	8,15	774,25
H 678	WIE-Lack-Lasur für Holz	100 St/0,375 Liter	4,25	425,00
K 990	WIE-Nitroverdünner VO98	105 St/1000ml	4,00	420,00
M 631	WIE- Montagezement 1k 345	50 St/2 kg	3,60	180,00
P 932	WIE- Abbeizer DK 580	40 St/750 g	6,95	278,00
T 065	670 Fondtapeten mittelschwer	75 Rollen	2,10	157,50
T 065	680 Prägetapeten (Stoß)	80 Rollen	5,45	436,00
T 065	690 Seidenglanztapeten	65 Rollen	7,90	513,50
S 111	100 Sonderangebot bestehend aus: Lackspachtelmasse, verzinkte Drallhaftschrauben, Gewbeband, 25cm breit.	pauschal		32,95

                                                    5.642,20 ④
                                        + 14% MwSt   789,91 ⑤

                                    Rechnungsbetrag 6.432,11 ⑥

Die Ware bleibt bis zur vollständigen Bezahlung unser Eigentum.

Mit freundlichen Grüßen

ppa *Seller*

Bankverbindungen   Postgiro

⑦ Zahlungsziel 30 Tage, bei Zahlung innerhalb von 10 Tagen 2% Skonto.

1 Grundlegendes zur Buchführung

Vorüberlegungen

|1| Es handelt sich um eine Rechnung

|2| Da Hans Blau als Empfänger der Rechnung angegeben ist, handelt es sich um eine Eingangsrechnung

|3| Er hat Werkstoffe eingekauft.

Hinweise zur Buchung

|4| DM 5642,20 ist der Nettopreis (Preis ohne MWSt.) der gekauften Werkstoffe; der Wert der Werkstoffbestände erhöht sich entsprechend; daraus folgt: Soll-Buchung von DM 5642,20 auf Konto „Werkstoffe"

S O L L		W E R K S T O F F E	H A B E N
Anfangsbestand	DM	5.000,00	
Nettopreis der Werkstoffe	DM	5.642,20	
Neuer Bestand	DM	10.642,20	

|5| DM 789,91 ist die vom Lieferanten an den Empfänger in Rechnung gestellte Umsatzsteuer (MWSt.); sie wird aus der Sicht von Hans Blau als „Vorsteuer" (VSt.) bezeichnet, da er diese Vorsteuer (VSt.) vom Finanzamt in monatlicher Abrechnung zurückerstattet bekommt, ist der entsprechende Betrag im Sinne einer kurzfristigen Forderung an das Finanzamt auf dem Konto „Vorsteuer" zu buchen; daraus folgt: Soll-Buchung von DM 789,91 auf Konto „Vorsteuer"

S O L L		V O R S T E U E R	H A B E N
Anfangsbestand	DM	500,00	
Vorsteuer lt. Rechnung	DM	789,91	
Neuer Bestand	DM	1.289,91	

6 DM 6432,11 ist der Bruttopreis (Preis incl. MWSt.) der gekauften Rohstoffe und stellt den von Hans Blau demnächst – vgl. 7 – an den Lieferanten zu zahlenden Rechnungsbetrag dar.

7 Durch diesen sogenannten Zielkauf erhöhen sich also seine Lieferantenschulen; daraus folgt:
Haben-Buchung von DM 6432,11 auf Konto „Verbindlichkeiten an Lieferanten"

SOLL	VERBINDLICHKEITEN AN LIEFERANTEN		HABEN
	Anfangsbestand	DM	2.000,00
	Gesamtbetrag der Rechnung	DM	6.432,11
	Neuer Bestand	DM	8.432,11

Buchungssatz
Werkstoffe   5642,20 DM
und Vorsteuer   789,91 DM   an   Verbindlichkeiten an
                                  Lieferanten   6432,11 DM

1 Grundlegendes zur Buchführung

Beleg XIII Ausgleich einer Lieferantenrechnung durch Banküberweisung innerhalb der Skontofrist

Die Angaben auf Beleg XIII werden sinnvollerweise in 8 Schritten erfaßt.

Vorüberlegungen

1. Es handelt sich um einen Überweisungssauftrag an die Bank von Hans Blau
2. Er hat seine Bank beauftragt, DM 6303,47 an den
3. 4. Lieferanten zu überweisen.
5. Er begleicht eine Rechnung unter Abzug von Skonto

Anmerkung

Der Einfachheit halber wird unterstellt, daß die Bank den o. a. Überweisungsauftrag unverzüglich ausführt und Hans Blau dies anschließend auf einem entsprechenden Kontoauszug mitteilt.

Hinweise zur Buchung

6 DM 6432,11 ist der von Hans Blau zu zahlende Rechnungsbetrag, der bei Rechnungseingang auf dem
Konto „Verbindlichkeiten an Lieferanten" gebucht
wurde; nach Ausführung des Überweisungsauftrages
ist diese Schuld beglichen, auch wenn – durch den
berechtigterweise vorgenommenen Skontoabzug – weniger als die Rechnungssumme überwiesen wurde; daraus folgt:
Soll-Buchung von DM 6432,11 auf Konto „Verbindlichkeiten an Lieferanten"

SOLL	VERBINDLICHKEITEN AN LIEFERANTEN		HABEN
		Anfangsbestand	DM 8.000,00
Begleichung der Rechnung DM 6.432,11			
		Neuer Bestand	DM 1.567,89

7 DM 6303,47 ist der Überweisungsbetrag, um den sich
das Guthaben auf dem Bankkonto vermindert; daraus
folgt:
Haben-Buchung von DM 6303,47 auf Konto „Bank"

SOLL	BANK		HABEN
Anfangsbestand	DM 10.000,00	Überweisung	DM 6.303,47
		Neuer Bestand	DM 3.696,53

8 DM 128,64 ist die Differenz zwischen Rechnungsbetrag und Überweisungsbetrag; da Hans Blau in diesem
Fall mehr Schulden „los wird" als er am Vermögen
„verliert", ist diese Differenz zunächst im Sinne eines
Ertrages zu interpretieren. Allerdings stellen im End-

effekt nur DM 112,84 „echten" Skonto-Ertrag dar, da die bei Rechnungseingang vorgenommene Vorsteuerbuchung um den in DM 128,64 enthaltenen VSt.-Anteil von DM 15,80 korrigiert werden muß, schließlich hat er die Werkstoffe durch den Skontoabzug letztlich ja auch um DM 112,84 „billiger" eingekauft, und 14% VSt. hierauf sind DM 15,80.

Berechnung des Skontoabzuges
100% ≙ DM 6432,11
2% ≙ DM 128,64

Berechnung der enthaltenen Vorsteuer
114% ≙ DM 128,64
14% ≙ DM 15,80 VSt.-Korrektur
100% ≙ DM 112,84 Skontoertrag

Haben-Buchung von DM 112,84 auf Konto „Zins-, Skonti- und Diskonterträge" und Haben-Buchung von DM 15,80 auf Konto „Vorsteuer"

S O L L	ZINS-, SKONTI- UND DISKONTERTRÄGE	H A B E N
		DM 112,84

S O L L		V O R S T E U E R	H A B E N
Anfangsbestand	DM 500,00	Steuerkorrektur	DM 15,80
Neuer Bestand	DM 484,20		

Buchungssatz
Verbindlichkeiten
an Lieferan-
ten   6432,11 DM   an Bank   6303,47 DM

                                             Zins-, Skonti-
                                             und Diskont-
                                             ertrag   112,84 DM
                                             Vorsteuer   15,80 DM

2 Buchungsbelege zu handwerks- typischen Geschäftsvorfällen

Die im folgenden aufgeführten 207 Buchungsbelege sollen als Übungsaufgaben für die Buchführung dienen. Die Verbuchung der Belege, d. h. hier die Formulierung von Buchungssätzen, kann sowohl im Selbststudium (häusliche Einzelarbeit) als auch im Rahmen von Vorbereitungskursen auf die Meisterprüfung durchgeführt werden. Die Belege stellen praxisnahe Geschäftsvorfälle von unterschiedlichem Schwierigkeitsgrad dar. Die Reihenfolge der Bearbeitung ist beliebig; es können beispielsweise ähnliche Vorfälle parallel bearbeitet werden, man kann aber auch alle Belege eines Monats als Gesamtaufgabe verbuchen und daraus einen Monatsabschluß erstellen. Voraussetzung hierfür ist die Vorgabe entsprechender Konten mit Anfangsbeständen. Auch zu diesem Zweck sind die Belege in zeitlicher Reihenfolge angeordnet.

Die Technik der Verbuchung ist exemplarisch im vorangegangenen Kapitel dargestellt worden. Für schwierige Buchungsaufgaben sind bei der Lösung ergänzende Hinweise aufgeführt.

Die in Kapitel 3 formulierten Buchungssätze basieren auf dem im Anhang dargestellten Kontenplan (S. 240); dieser kann, den unterrichtlichen Zielsetzungen bzw. den betrieblichen Gegebenheiten entsprechend, unter Zugrundelegung des „Einheitskontenrahmens für das Deutsche Handwerk" erweitert oder verkürzt werden.

Es sei nochmals erwähnt, daß der Maler- und Lackiererbetrieb Hans Blau als typischer Handwerksbetrieb zu betrachten ist und die Geschäftsvorfälle auf jeden anderen Handwerksbetrieb sinngemäß übertragbar sind.

Bei Bearbeitung der Übungsaufgaben im Selbststudium – ohne anschließende Besprechung der Buchungssätze im Vorbereitungskurs – empfiehlt sich allerdings die konsequente Beachtung des vorgegebenen Kontenplans. Nur so kann der Lernende eindeutig die Richtigkeit seiner Lösungen anhand des Buches überprüfen.

Januar

Beleg 1

2 Buchungsbelege

Beleg 2

Beleg 3

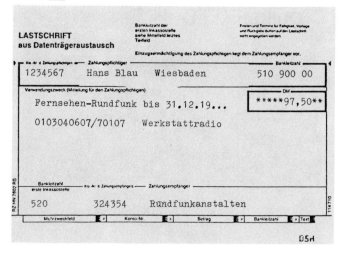

Beleg 4

Kassenbeleg 3.01.19..		DM
Besuch des Tapetenmuseums in Kassel mit den Auszubildenden Fritz und Wilhelm		
Pausch. Aufwendungen	14%	200,00 28,00
		228,00

H. Bl.

2 Buchungsbelege

Beleg 5

Handwerkskammer Wiesbaden

Für Vermerke des Absenders
Handwerkskammer-Beitrag 19
Betriebs-Nr.: 987654

Postgirokonto Nr. des Absenders
101010

Einlieferungsschein/Lastschriftzettel

DM · Pf
++++++360+=

für Postgirokonto Nr. · Postgiroamt
222 10-603 · Ffm
Handwerkskammer
Wiesbaden
6200 Wiesbaden

4.01.
19..

Handwerkskammer Wiesbaden, Postfach 2960, 6200 Wiesbaden, tel. 0 6121/13 60

Herrn Malermeister
Hans Blau
Ringstr. 2

6200 Wiesbaden

Kammerbeitrag 19..

Bei Zahlung Nr. angeben

987654

Bitte überweisen Sie den Betrag von DM 360,00
auf eins der unten angegebenen Konten.

Hochachtungsvoll

Die Handwerkskammer erhebt gemäß § 113 Abs. 1 der Handwerksordnung in der Fassung vom 28. Dezember 1965
auf Beschluß der Vollversammlung vom 4. 12. 1985 mit Genehmigung des Ministeriums für Wirtschaft und Technik,
für das Rechnungsjahr 1986 von allen in der Handwerksrolle eingetragenen Betrieben und den Inhabern hand-
werksähnlicher Betriebe einen Beitrag nach dem umseitigen Beitragsmaßstab.

Der Handwerkskammerbeitrag wird mit der Zustellung des Beitragsbescheides fällig. Da die Verbuchung über eine
elektronische Datenverarbeitungsanlage erfolgt, werden die Rückstände vom Rechenzentrum automatisch nach
Fälligkeit gemahnt. Diese sind sofort zur Zahlung fällig. Zahlungen bitten wir unter Angabe der obenstehenden
Betriebsnummer auf eines unserer auf der Rückseite aufgeführten Konten vorzunehmen.

Datum des Poststempels

Beleg 6

Bestätigung/Quittung
(Auftragsannahme der ~~Bank~~/Post)

— Konto-Nr. des Auftraggebers —
101010 Frankft.

5528577./2 Mitgliedsnummer

zu zahlender Betrag
DM 81,90

Firmenwagen Blau
**ADAC-Rechtsschutz
Versicherungs-AG**
Postfach 70 01 47, 8000 München 70

Stempel Ihrer ~~Bank/Sparkasse~~/Post

5.01.
19.

Beleg 7

WALTER KORNFELD

VERSICHERUNGEN ALLER ART – HYPOTHEKEN

AN DER ALTEN OPER 1
6200 WIESBADEN
TEL.: 06121/XXXXXX

Herrn Malermeister
Hans Blau
Ringstr. 2
6200 Wiesbaden

Ihr Zeichen	Ihr Schreiben	Unser Zeichen	Tag	Wiesbaden,
	Vers. Schein Nr. 98765 43			03.Jan.19..

·Amtl. Kennzeichen WI-HB 88

Sehr geehrter Versicherungsnehmer,
Sie werden hiermit gebeten, Ihren Versicherungsbeitrag
für das oben angeführte Fahrzeug auf eins der angegebenen Konten
zu überweisen.

Fahrgest.-Nr. 76543210   LKW-Gruppe 80-90PS = 60-66kW
Deck.-Pauschale: 2.000.000 DM
70% Beitragssatz Schadensfreiheits/Schadensklasse
Regionalklasse Darmstadt

Tarifbeitrag für das Jahr 19..	1.066,00 DM
Versicherungsbeitrag	746,00 DM
Beitragsrechnung	746,00 DM

Mit freundlichen Grüßen

W. Kornfeld

(W. Kornfeld)

Bankverbindungen   Postgiro

Lastschriftzettel BL092

Konto 6000 Frankfurt
Nr. 101010

=---746= DM 00= Pf

Herrn
Wa. Kornfeld
Versicherungen
a.d.a.Oper 1
6200 Wiesbaden

LKW-Vers.
Beitrag
98765 43   07.01.
19..

2 Buchungsbelege

Beleg 8

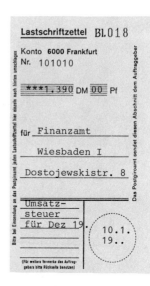

Beleg 9

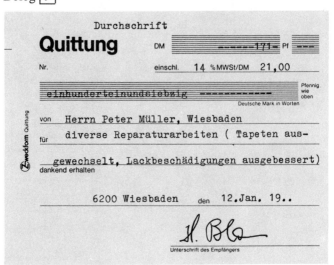

Beleg 10

Durchschrift	**Wiesbadener Volksbank eG** 51090000
	6200 WIESBADEN 1

Empfänger (genaue Anschrift)   Bankleitzahl

SOS-Kinderdörfer, 8000 München   707 500 00

Konto-Nr. des Empfängers   bei (Kreditinstitut)
7 777 777   Stadtsparkasse München

Verwendungszweck (nur für Empfänger)   DM

Spende 1. Halbjahr 19..   ***60,00***

Konto-Nr. des Auftraggebers   Auftraggeber
1234567   Hans Blau
      6200 Wiesbaden

14. Jan. 19..   H. Blau
Datum   Unterschrift

Beleg 11

Durchschrift	**Wiesbadener Volksbank eG** 51090000
	6200 WIESBADEN 1

Empfänger (genaue Anschrift)   Bankleitzahl

Finanzamt Wiesbaden I   510 000 00

Konto-Nr. des Empfängers   bei (Kreditinstitut)
510 0 15 00   Landeszentralbank Wiesbaden

Verwendungszweck (nur für Empfänger)   DM

ausstehende Lohnsteuer Dezember 19..   ***3.623,00***

Konto-Nr. des Auftraggebers   Auftraggeber
1234567   Hans Blau, 6200 Wiesbaden

14.01.19..   H. Blau
Datum   Unterschrift

2 Buchungsbelege

Beleg 12

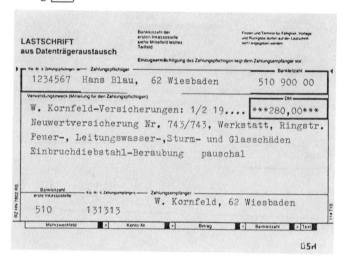

LASTSCHRIFT
aus Datenträgeraustausch

Bankleitzahl der
ersten Inkassostelle
siehe Mittelfeld letztes
Teilfeld

Fristen und Termine für Fälligkeit, Vorlage
und Rückgabe dürfen auf der Lastschrift
nicht angegeben werden

Einzugsermächtigung des Zahlungspflichtigen liegt dem Zahlungsempfänger vor.

Kto-Nr d Zahlungspflichtigen — Zahlungspflichtiger ——— Bankleitzahl

1234567   Hans Blau, 62 Wiesbaden   510 900 00

Verwendungszweck (Mitteilung für den Zahlungspflichtigen)   DM

W. Kornfeld-Versicherungen: 1/2 19.... ***280,00***
Neuwertversicherung Nr. 743/743, Werkstatt, Ringstr.
Feuer-, Leitungswasser-,Sturm- und Glasschäden
Einbruchdiebstahl-Beraubung   pauschal

Bankleitzahl
erste Inkassostelle   Kto-Nr d Zahlungsempfängers   Zahlungsempfänger
510   131313   W. Kornfeld, 62 Wiesbaden

Mehrzweckfeld   x   Konto-Nr   x   Betrag   x   Bankleitzahl   x Text

ÜSH

50

Beleg 13

E I N K A U F S G E N O S S E N S C H A F T
für
Maler-, Tapezierer- und Bauausstattungshandwerke
4000 DÜSSELDORF, Rheinwiesen 25
Tel. 0211-XXXXXX

Herrn Malermeister
Hans Blau
Ringstr. 2
6200 Wiesbaden

Ihr Schreiben	Unser Zeichen	Tag
	DS/KJ	Düsseldorf, 20.Jan.19..

Teilnahmebestätigung und Rechnungsbeleg.

Wir bestätigen hiermit Herrn Hans Blau, daß er an der
Wochenendschulung vom 15. bis 18.Jan.19.. einschließlich
teilgenommen hat.
Thema in der Reihe'Vorträge und Weiterbildung'in unsern eigenen
Schulungsräumen:

> "Die optimale Rißdehnfähigkeit von Elastik-Systemen.
> Gewährleistung einer regendichten, dauerhaften,
> schmutzunempfindlichen Überbrückung von Putz- und
> Haarrissen."

Teilnehmer-Beitrag	DM	120,00
Unterkunft und Verpflegung	DM	140,00
	DM	260,00
14% MwSt		36,40
	DM	296,40

Der Betrag von DM 296,40 wurde durch
Postverrechnungsscheck bei der Anmeldung
beglichen.

Mit freundlichen Grüßen.

(P. Maus)
Mitgl. d. Vorstandes

51

2 Buchungsbelege

Beleg 14

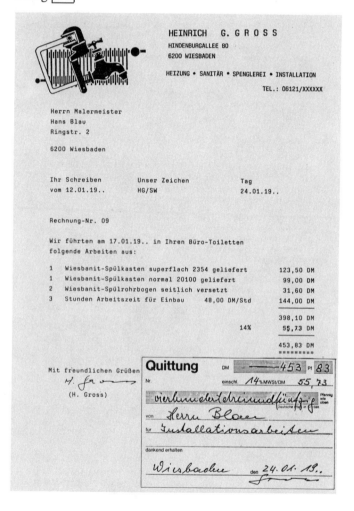

HEINRICH G. GROSS
HINDENBURGALLEE 80
6200 WIESBADEN

HEIZUNG • SANITÄR • SPENGLEREI • INSTALLATION

TEL.: 06121/XXXXXX

Herrn Malermeister
Hans Blau
Ringstr. 2

6200 Wiesbaden

Ihr Schreiben	Unser Zeichen	Tag
vom 12.01.19..	HG/SW	24.01.19..

Rechnung-Nr. 09

Wir führten am 17.01.19.. in Ihren Büro-Toiletten
folgende Arbeiten aus:

1	Wiesbanit-Spülkasten superflach 2354 geliefert		123,50 DM
1	Wiesbanit-Spülkasten normal 20100 geliefert		99,00 DM
2	Wiesbanit-Spülrohrbogen seitlich versetzt		31,60 DM
3	Stunden Arbeitszeit für Einbau	48,00 DM/Std	144,00 DM
			398,10 DM
		14%	55,73 DM
			453,83 DM

Mit freundlichen Grüßen

H. Gross

(H. Gross)

Quittung DM ---453 Pf 83

Nr. einschl. 14% MWST/DM 55,73

vierhundertdreiundfünfzig Pfennig wie oben
Deutsche Mark in Ziffern

von Herrn Blau

für Installationsarbeiten

dankend erhalten

Wiesbaden den 24.01.19..

52

Beleg 15

Gehaltszahlung aus Ehegatten-arbeitsvertrag Januar 19..	30.01.19..	DM
Bruttogehalt		2.500,00
Abgaben zur Soz. Vers.		457,50
Lohnsteuer (Pauschbetrag)		500,00
Nettolohn		1.542,50
		========
Anmerkung: Lohnsteuer und Abgaben zur Soz.Vers. einschließlich Arbeitgeberanteil wurden als Schuld gebucht		
J. BC.		

Durchschrift

51090000
Wiesbadener Volksbank eG
6200 WIESBADEN 1

Empfänger (genaue Anschrift)	Bankleitzahl
Frau Else Blau, 6200 Wiesbaden	510 700 21

Konto-Nr. des Empfängers	bei (Kreditinstitut)
886655	Deutsche Bank Wiesbaden

Verwendungszweck (nur für Empfänger)

Gehaltszahlung Januar 19..

DM

1.542,50

Konto-Nr. des Auftraggebers	Auftraggeber
1234567	Hans Blau 6200 Wiesbaden

30.01.19..   *H. Blau*
Datum   Unterschrift

2 Buchungsbelege

Beleg 16

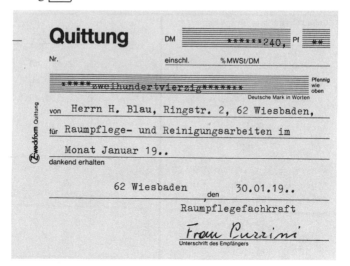

Beleg 17

Februar

Beleg [18]

Durchschrift	51090000 **Wiesbadener Volksbank eG** 6200 WIESBADEN 1	

Empfänger (genaue Anschrift) — Bankleitzahl
Spar- und Rentenbank e.V.
6000 Frankfurt/Main — 5456 78 90
Konto-Nr. des Empfängers — bei (Kreditinstitut)
70070707

Verwendungszweck (nur für Empfänger) — DM
vermögenswirksame Sparleistung
für Arbeitnehmer, 6 mal 52,-- — 312,00

Konto-Nr. des Auftraggebers — Auftraggeber
1234567 — Hans Blau, Malermeister
6200 Wiesbaden

05. Feb. 19.. — *H. Blau*
Datum — Unterschrift

Beleg [19]

Durchschrift	51090000 **Wiesbadener Volksbank eG** 6200 WIESBADEN 1	

Empfänger (genaue Anschrift) — Bankleitzahl
Innungskrankenkasse 6200 Wiesbaden
Abraham-Lincoln-Str. — 510 900 00
Konto-Nr. des Empfängers — bei (Kreditinstitut)
12 13 14 15 — Wiesbadener Volksbank

Verwendungszweck (nur für Empfänger) — DM
Sozialversicherungsbeitrag Jan. 19.. — **2.125,00**

Konto-Nr. des Auftraggebers — Auftraggeber
1234567 — Hans Blau, Wiesbaden
Ringstr. 2

09. Febr. 19.. — *H. Blau*
Datum — Unterschrift

2 Buchungsbelege

Beleg 20

VOLKER GMBH
Darmstädter Str. 70
6200 Wiesbaden
Tel.: 06121/XXXXXX

FARBENMARKT

- Lacke
- Farben
- Tapeten
- Bodenbelag
- Gardinen
- Werkzeuge
- Baumaterialien

Herrn Malermeister
Hans Blau
Ringstr. 2
6200 Wiesbaden

Ihr Zeichen	Ihr Schreiben	Unser Zeichen	Tag
HB/EK	v. 28.01.19..	KV/JM	10.02.19..

Rechnung-Nr. 09630

Gemäß Ihrem Auftrag vom 28.Jan.19.. lieferten wir Ihnen
heute auf Ihre Rechnung und Gefahr

1 Posten Bodenbeläge	DM 3.100,00
1 Posten Tapeten	DM 2.540,00
1 Posten Lacke	DM 1.830,40
1 Posten Gardinen	DM 424,34
	DM 7.894,74
14% Umsatzsteuer	DM 1.105,26
	DM 9.000,00

Die Ware bleibt bis zur vollständigen
Bezahlung unser Eigentum.

Mit freundlichen Grüßen

(K. Volker)

Bankverbindungen   Postgiro

56

Beleg 21

KREISHANDWERKERSCHAFT
WIESBADEN · RHEINGAU · TAUNUS

Kreishandwerkerschaft · Rheinstraße 36 · Postfach 37 68 · 6200 Wiesbaden

Herrn Malermeister
Hans Blau
Ringstr. 2

6200 Wiesbaden

Rheinstraße 36 · Postfach 37 68
6200 WIESBADEN, den

Betrifft: Beitrag für das Geschäftsjahr 19

Sehr geehrtes Innungsmitglied

Im Auftrag Ihres Herrn Obermeisters gestatten wir uns, Ihnen nachstehend die Beitragsrechnung der **Maler- u. Lackierer** -Innung für die Zeit vom 1.1.19 bis 31.12.19 zuzustellen:

Grundbeitrag			DM	220,--
Zusatzbeitrag	für	Gesellen, Hilfsarbeiter usw. à DM	DM	
	für	Beschäftigte einschl. à DM	DM	
		Lehrlinge usw.		
Lohnsummenbeitrag = **2,5 ‰** der Bruttosumme aus dem Kalenderjahr 19 = **202.000,--**			DM	505,--
			DM	
			DM	
Beitrag für das Geschäftsjahr 19			DM	725,--
Beitragsrückstand aus dem Geschäftsjahr			DM	------
Gesamtbeitrag bis 31.12.19			DM	725,--

Aus verwaltungstechnischen Gründen wären wir Ihnen dankbar, wenn Sie den Beitrag in 2 Raten oder auf einmal überweisen würden.

Er kann aber auch in vierteljährlichen Raten gezahlt werden, und zwar zum
31.3.19   15.5.19   15.8.19   und   15.11.19
Beanstandungen können nur innerhalb 14 Tagen geltend gemacht werden.

Falls wir den Zusatzbeitrag nicht berechnet haben, weil uns hierfür die Unter Sie, diesen selbst zu errechnen und mitzuüberweisen.

Wir bitten Sie, die Zahlungstermine pünktlich einzuhalten, damit die Innung kann.

Beiträge, die zu den fälligen Terminen nicht eingegangen sind, werden wir pe

Mit freundlichen Gr

Kreishandwerksmeister   Ge

Lastschriftzettel Bl.0 9 2
Konto 6000 Frankfurt
Nr. 10 10 10

725 DM Pf

für KH

6200 Wiesbaden

Innungs-
beitrag
19..

10.02.
19..

Fernruf: (06121) 372095
Bankkonto: Wiesbadener Volksbank eG Nr. 419508 BLZ 51090000 · Postgiro: Frankfurt a
Sprechstunden: montags—freitags 7.30—12.00 Uhr — sonst nach vorheriger Vereinb

2 Buchungsbelege

Beleg 22

Datum 14.Febr. 19...	B u c h u n g s b e l e g Nr......	
	Belastung	Gutschrift
Text	Betrag	Betrag
Renovierung des Wohnzimmers in der Privatwohnung durch die Gesellen Karl Meier und Heinz Borek	Pauschale: 320,00 DM 14% MwSt 44,80 DM 364,80 DM	
		H. Bl.

Beleg 23

Abteilung:					
Menge	Buchungsfall				DM
	Datum				
15 Rollen	14.02.	19..	14%	90,00 DM 12,60Dm	102,60
Tapete Eigenverbrauch					102,60
				H. Bl.	

58

Beleg 24

Menge	Buchungsfall		DM
	Datum		
	15.2.19..	Kauf von Wechselsteuermarken	13,50
		(Wechsel über DM 9.000,00 für Firma Volker 90 mal 0,15 DM)	13,50

Abteilung: Kasse

A. Bl.

Beleg 25

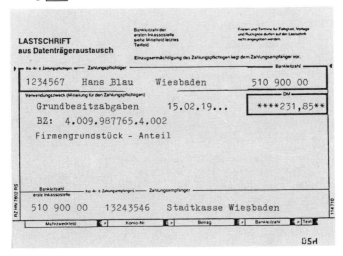

Beleg 26

Lacke und Farben

Malereibetrieb

MALERMEISTER
HANS BLAU
RINGSTRASSE 2
6200 WIESBADEN

Telefon 06121/ 302010

Herrn
Ignatius Morus
Kapselweg 4
6251 Dauborn/Limburg

Wiesbadener Volksbank
BLZ 510 900 00
Konto-Nr. 1234567
Postgiroamt Frankfurt
BLZ 500 100 60
Kto-Nr. 101010

Unser Zeichen
HB/EK

Tag
16.02.19..

Rechnung-Nr. 0234

Laut beiliegender spezifizierter Aufstellung lieferten
wir Ihnen heute mit unserm LKW:

4 Posten verschiedene Tapeten Serie 3200
20 kg-Dosen Lacke 0087
35 kg-Dosen Farben 0076
12 Kanister Holzschutz farblos 5009
10 Kanister Bläuesperrgrund 4352
10 Kanister Holzwurm-Tod 4341
5 Eimer Wärmedämmsystem schwerentflammbar 6798
5 kg-Dosen Flüssig-Kunststoff 9907
20 kg Wandglätter 8324
10 kg standfeste Füllmasse 8311

Netto-Preis	DM 1.500,00
MwSt 14%	210,00
	DM 1.710,00

Folgende Zahlungsweise wurde
vereinbart:
Durch Banküberweisung   DM 710,00
Mit versteuertem Wechsel   DM 1.000,00

Mit freundlichen Grüßen

H. Blau

Beleg 27

Angenommen

Hans Blau
Ringstr. 2
6200 Wiesbaden

Hans Blau

sigul-formular Einheitswechsel Din 5004

Wiesbaden ...., den 16. Februar ..... 19 ••

Ort und Tag der Ausstellung (Monat in Buchstaben)

Nr d. Zaht.-Ortes | 510 | Wiesbaden | Zahlungsort
Verfalltag | 15.05.19

Gegen diesen **Wechsel** - erste Ausfertigung - zahlen Sie am 15. Mai 19 ••

Monat in Buchstaben

an Volker GmbH, Wiesbaden oder an Order

Deutsche
Mark neuntausend

Betrag in Buchstaben

DM 9.000,00

Betrag in Ziffern

Bezogener

Hans Blau

Ringstraße 2

6200 Wiesbaden

Ort und Straße (genaue Anschrift)

Zahlbar in Wiesbaden

Zahlungsort

bei Wiesbadener Volksbank 1234567

Name des Kreditinstituts   z t. Konto Nr

Volker GmbH
Darmstädter Str. 70
6200 Wiesbaden

V. Volker

Unterschrift und genaue Anschrift des Ausstellers

Stempelmarken auf der Rückseite unmittelbar unter diesem Rande aufkleben!

61

2 Buchungsbelege

Beleg 28

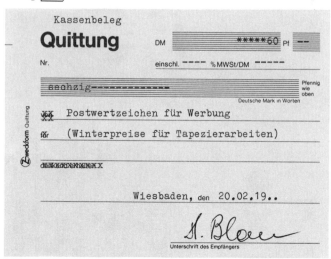

Kassenbeleg

Quittung

DM *****60 Pf

Nr.   einschl. ---- % MWSt/DM ----

~~achtzig~~--------------   Pfennig wie oben

Deutsche Mark in Worten

XX Postwertzeichen für Werbung

für (Winterpreise für Tapezierarbeiten)

Wiesbaden, den 20.02.19..

Unterschrift des Empfängers

Beleg 29

Quittung   **Wiesbadener Volksbank eG**
510 900 00

Konto-Nr.
1234567

Kontoinhaber
Hans Blau, Wiesbaden

Einzahlung aus Ladenkasse

DM
1.400,00

Betrag in Worten (unter 1000 DM entbehrlich. Freies Feld durchstreichen)
eintausendvierhundert

22. Febr. 19...
Datum

(Kassierer)

Diese Quittung gilt nur mit dem Aufdruck der Kassenmaschine und der Unterschrift des Kassierers oder mit zwei Unterschriften der durch Aushang bekanntgegebenen Zeichnungsberechtigten.

Wiesbadener Volksbank eG

Unterschrift

Beleg $\boxed{30}$

Lacke und Farben

Malereibetrieb

MALERMEISTER
HANS BLAU
RINGSTRASSE 2
6200 WIESBADEN

Telefon 06121/ 302010

Firma
EURO HOTEL
Wildpark

6271 Hünstetten

Wiesbadener Volksbank
BLZ 510 900 00
Konto-Nr. 1234567
Postgiroamt Frankfurt
BLZ 500 100 60
Kto-Nr. 101010

Datum und Zeichen Ihres Schreibens	Unser Zeichen	Datum
	HB/EK	23.02.19..

Rechnung-Nr. 46

Nach Abschluß der Renovierungsarbeiten in Ihrem
Hotel -Zimmer 35 bis 40- beziehe ich mich auf
meinen detaillierten Kostenvoranschlag und berechne DM 1.102,89
                                  + 14% MwSt DM   154,41

                                           DM 1.257,30
                                           ============

Mit freundlichen Grüßen

H Blau

Beleg 31

Malereibetrieb *Lacke und Farben*

MALERMEISTER
HANS BLAU
RINGSTRASSE 2
6200 WIESBADEN

Telefon 06121/ 302010

Frau
Petra Kümmel
Fasanenweg 20
6229 Kiedrich / Rheingau

Wiesbadener Volksbank
BLZ 510 900 00
Konto-Nr. 1234567
Postgiroamt Frankfurt
BLZ 500 100 60
Kto-Nr. 101010

Ihr Zeichen	Ihr Schreiben	Unser Zeichen	Tag
		HB/EK	18.02.19..

Rechnung-Nr. 413 vom 30.11.19..

Auf Ihrem Konto steht noch ein Betrag von DM 1.265,00 offen.
Gewiß ist dies nur Ihrer Aufmerksamkeit entgangen.
Sie werden verstehen, daß auch ich, um Ihren Auftrag auszuführen,
Material und Löhne bezahlen mußte.
Bitte überweisen Sie den Rechnungsbetrag auf eins meiner Konten.

Mit freundlichen Grüßen   Eingang: 26.02.19..

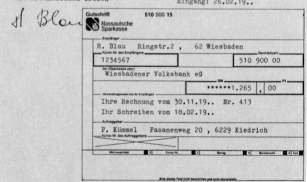

Gutschrift   510 500 15
Nassauische
Sparkasse

Empfänger
H. Blau   Ringstr.2 ,   62 Wiesbaden
Konto-Nr. des Empfängers   Bankleitzahl
1234567   510 900 00
bei (Sparkasse usw)
Wiesbadener Volksbank eG
                        DM   Pf
                              ******1.265 , 00
Verwendungszweck (nur für Empfänger)
Ihre Rechnung vom 30.11.19.. Nr. 413
Ihr Schreiben vom 18.02.19..
Auftraggeber
P. Kümmel   Fasanenweg 20 , 6229 Kiedrich
Konto-Nr. des Auftraggebers

| Mehrzweckfeld | X | Konto-Nr. | 2 | Betrag | X | Bankleitzahl | X | Text |

Bitte dieses Feld nicht beschriften und nicht bezeichnen

Beleg 32

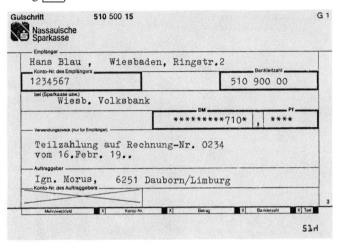

2 Buchungsbelege

Beleg 33

Angenommen

6251 Dauborn/Limburg

J. Morus

(Ignatius Morus)

Wiesbaden Ort und Tag der Ausstellung (Monat in Buchstaben), den 27. Februar 19...

Nr. d Zahl.-Ortes 510 Wiesbaden Zahlungsort 27.05.19..

Gegen diesen **Wechsel** - erste Ausfertigung - zahlen Sie am 27. Mai 19.. Monat in Buchstaben

an mich oder Order

Deutsche Mark *******eintausend*************** Betrag in Buchstaben DM *****1.000,00***** Betrag in Zahlen Pfennige

Bezogener

Ignatius Morus

Kapelweg 4

6251 Dauborn/Hünfelden/Limburg
Ort und Straße (genaue Anschrift)

zahlbar in 6250 Limburg/Lahn
Zahlungsort

bei Nassauische Sparkasse
Name des Kreditinstituts

44005500
z. L. Konto Nr.

Hans Blau
Malermeister
Ringstr. 2
6200 Wiesbaden

H. Blau

Unterschrift und genaue Anschrift des Ausstellers

Stempelmarken auf der Rückseite unmittelbar unter diesem Randu aufkleben!

Beleg $\boxed{34}$

WALTER KORNFELD

VERSICHERUNGEN ALLER ART - HYPOTHEKEN

AN DER ALTEN OPER 1
6200 WIESBADEN
TEL.: 06121/XXXXXX

Herrn Malermeister
Hans Blau
Ringstr. 2
6200 Wiesbaden

Ihr Zeichen	Ihr Schreiben	Unser Zeichen	Tag Wiesbaden,
Vers. Schein L-212121/21			28.Febr.19..

Für Ihre Lebensversicherung sind am 15.März19..,
zahlbar 1/2 jährlich, jeweils am 15.Mz. und
15.Sept., ...DM 2.500,00
fällig.
Ich bitte, den Betrag auf eins der angeführten Konten zu
überweisen.

Mit freundlichen Grüßen

W. Kornfeld

99624 ✳	Konto-Nr. 1234567	Bankleitzahl 510 900 00

⩔ WIESBADENER VOLKSBANK EG
6200 Wiesbaden 1

Zahlen Sie gegen diesen Scheck aus meinem/unserem Guthaben

zweitausendfünfhundert------------

Deutsche Mark in Buchstaben

DM ***2.500,00**

Pf nebenstehend

an
oder Überbringer

62 Wiesbaden, 03.03.19..
Ausstellungsort, Datum

H. Blau
Unterschrift des Ausstellers

Verwendungszweck Lebensversicherung
(Mitteilung für den Zahlungsempfänger)

Eine Streichung des Zusatzes „oder Überbringer" gilt als nicht erfolgt. Die Angabe einer Zahlungsfrist auf dem Scheck gilt als nicht geschrieben.

Scheck-Nr.	Konto-Nr.	Betrag	Bankleitzahl	Text
000000 99624			51090000 011	

Bitte dieses Feld nicht beschreiben und nicht bestempeln

2 Buchungsbelege

Beleg 35

<table>
<tr><td>Durchschrift</td><td colspan="2">51090000
Wiesbadener Volksbank eG
6200 WIESBADEN 1</td></tr>
<tr><td colspan="2">Empfänger (genaue Anschrift)
Finanzkasse II 6200 Wiesbaden</td><td>Bankleitzahl
510 000 00</td></tr>
<tr><td>Konto-Nr. des Empfängers
510 015 00</td><td colspan="2">bei (Kreditinstitut)
Landeszentralbank Wiesbaden</td></tr>
<tr><td colspan="2">Verwendungszweck (nur für Empfänger)
Steuer-Nr. 43526/234
Lohnsteuer: 1.230,00 DM
Einkommenssteuer: 980,00 DM
Umsatzsteuer: 2.365,00 DM</td><td>DM
4.575,00</td></tr>
<tr><td>Konto-Nr. des Auftraggebers
1234567</td><td colspan="2">Auftraggeber
Hans Blau, Malermeister
Ringstr. 2 6200 Wiesbaden</td></tr>
</table>

08.03.19..   H. Blau
Datum   _Unterschrift_

Beleg 36

Buchungsvermerk: Bankkonto	DM
Am 11.03.19.. wurden von meinem Bankkonto DM abgebucht. Es handelt sich hier um den Verlust einer für meinen Schwager übernommenen "selbstschuldnerischen Bürgschaft" gegenüber seiner Hausbank.	3.000,00
H. Blau	3.000,00 ========

Beleg 37

Lacke und Farben

Malereibetrieb

MALERMEISTER
HANS BLAU
RINGSTRASSE 2
6200 WIESBADEN

Herrn
Peter Huber
Spitzweg 5
6201 Breckenheim

Ihr Schreiben	Unser Zeichen	Tag
	HB/EK	10.03.19..

Rechnung vom 20.12.19..

Sehr geehrter Herr Huber,
leider haben Sie bis heute den Betrag von DM 360,40
noch nicht bezahlt.
Bestimmt können Sie sich vorstellen, daß man nur über
eine begrenzte Zeit Kredit geben kann, wenn auch die
eigenen Verpflichtungen erfüllt werden sollen.
Dieser ZWEITE HINWEIS genügt sicher, Sie zu veran-
lassen, die fällige Zahlung in Höhe von DM 360,40 zu
leisten.
Bitte senden Sie umgehend, bestimmt aber innerhalb von
8 Tagen den fälligen Betrag.

Mit höflicher Empfehlung

H Blau

13.03.
19..

Empfängerabschnitt
DM 360 | Pf 40
10 10 10
Absender (nur Postleitzahl)
Peter Huber
Spitzweg 5

6201 Breckenheim
Verwendungszweck
Rechnung vom 20.12.19..
1. Tapezierarbeiten

Beleg 38

Lacke und Farben

Malereibetrieb

MALERMEISTER
HANS BLAU
RINGSTRASSE 2
6200 WIESBADEN

Telefon 06121/ 302010

Herrn
Walter Kornfeld
an der alten Oper 1
6200 Wiesbaden

Wiesbadener Volksbank
BLZ 510 900 00
Konto-Nr. 1234567
Postgiroamt Frankfurt
BLZ 500 100 60
Kto-Nr. 101010

Ihr Zeichen	Ihr Schreiben	Unser Zeichen	Tag
Versicherungs-Nr. 120/34/89		HB/EK	13.03.19..

Einbruch in meiner Werkstatt

Sehr geehrter Herr Kornfeld,
in der Nacht vom 12.zum 13.03.19.. wurde in meiner Werkstatt, Ringstr. 2,
6200 Wiesbaden, eingebrochen.
Das für meinen Bezirk zuständige Polizeirevier wurde verständigt.
Anzeige gegen Unbekannt wurde erstattet.
Als Schaden mache ich geltend:
Zerstörung des Türschlosses an der Eingangstüre.
Holzschäden durch Spuren einer Brechstange.
Vier Fensterscheiben wurden eingeschlagen und ein Fensterholzkreuz
zertrümmert.
Ein Klosett wurde aus seiner Verankerung gerissen und zerstört.
Vier Spindschlösser wurden aufgebrochen und an drei Blechspinden
die Türen verbogen.
Mein Schreibtisch im Büro wurde aufgebrochen .
Weitere Einrichtungen mit Farbe beschmiert.
Die Polizei sprach von unerklärbarem Vandalismus.

Nach grober Schätzung beziffere ich den angerichteten Schaden wie folgt:

Gebäudeschäden	2.500,00 DM
Schäden an der Einrichtung	1.600,00 DM
	4.100,00 DM

Spezifizierte Rechnungen werde ich nach Schadensbehebung einreichen.
Mit freundlichen Grüßen

H. Blau

Beleg 39

Lacke und Farben

Malereibetrieb

MALERMEISTER
HANS BLAU
RINGSTRASSE 2
6200 WIESBADEN

Telefon 06121/ 302010

Frau
Juliane Merzig
Robertostr. 9
6272 Niedernhausen/Taunus

Wiesbadener Volksbank
BLZ 510 900 00
Konto-Nr. 1234567
Postgiroamt Frankfurt
BLZ 500 100 60
Kto-Nr. 101010

Ihr Zeichen	Ihr Schreiben	Unser Zeichen HB/EK	Tag 13.03.19..

Rechnung-Nr. 6161

Ich beziehe mich auf meinen Kostenvoranschlag vom
4.März19.. : Maler- und Lackierer-Arbeiten in
Ihrer Wohnung Robertostr.9.
Ausgeführt wurden folgende Arbeiten:
Putzflächen beispachteln, zwei Zwischenanstriche
mit Vorlackfarbe, Schlußanstrich mit Lackfarbe.
Vorhandene Tapeten -3 Lagen!- entfernen.
Putzunebenheiten mit Spachtelmasse beispachteln.
Gewebebänder mit Spezialkleber kleben und bei-
spachteln.
Relief- und Seidenglanztapeten auf Stoß tapezieren.
Für die Tapezierarbeiten an der Decke Ihrer Diele
wurde ein Erschwerniszuschlag von 25% erhoben.
Kordeln anbringen.
Leisten zweimal streichen.

Pauschalpreis:	DM	2.150,00
14% MwSt	DM	301,00
	DM	2.451,00

Handwerkerrechnung zahlbar rein netto.

Mit freundlichen Grüßen

H. Blau

Beleg 40

**BÜROMÖBEL
BÜROMASCHINEN
BÜROBEDARF**

Friedrich H E I S S E R
Pariser Straße 170
6100 Darmstadt   06151/XXXXXX

Herrn Malermeister
Hans Blau
Ringstr. 2
6200 Wiesbaden

Ihr Zeichen: HB/EK
Ihr Schreiben: 10.03.19..
Unser Zeichen: FH/ED
Datum: 14.Mz.19..

Rechnung-Nr. 2134

Am 12.03.19... lieferten wir Ihnen
den Komplett-Computer 'ZEUS'

	3.450,00	DM
14% MwSt	483,00	DM
	3.933,00	DM

Zahlungsziel: 10.Apr.19..
Bei Zahlung innerhalb 10 Tagen 3% Skonto.
Die Ware bleibt bis zur vollständigen Be-
zahlung unser Eigentum.

Mit freundlichen Grüßen

Heisser

(F. Heisser)

Bankverbindungen   Postgiro

Beleg 41

 Lacke und Farben

Malereibetrieb

MALERMEISTER
HANS BLAU
RINGSTRASSE 2
6200 WIESBADEN

An die
ALLROUND-VERSICHERUNG
Generalvertretung
Ludwigsallee 15
6200 Wiesbaden

Tel. 06121/302010

Wiesbad. Volksbank
BLZ 510 900 00
Kt.-Nr. 1234567

Postgiro Frankfurt/M
BLZ 500 100 60
Kt.Nr. 101010

Datum und Zeichen Ihres Schreibens	Unser Zeichen	Datum
	HB/EK	15.03.19..

Auffahrunfall am 14.03.19..   Zeit: 10^{30}
Ort: Umgehungsstr. Eltville, Abfahrt Walluf/Rhg
Halter des bei Ihnen versicherten Fahrzeuges:
Rapidia Forsch, Glücksritterstr. 13, 6520 Worms
PKW WO - RS 7   Vers.-Nr. 3241/564

Mein PKW: WI - HB 55
Unfallhergang:
Laut Aussage meines Mitarbeiters erkannte er hinter sich ein schnell
herannahendes Fahrzeug, das in der leichten Rechtskurve dicht auf-
fuhr und plötzlich nach links blinkte. Gleichzeitig wurde der Über-
holvorgang eingeleitet. Hierbei beschädigte der überholende PKW
den linken hinteren Kotflügel meines Wagens. Bei der Schreckreaktion,
seinen PKW nach rechts zu steuern, streifte der Wagen meines Mitarbeiters mit dem rechten vorderen Kotflügel am Straßenrand gelagerte
Kanalisationsrohre. Auch dieser Kotflügel wurde stark beschädigt.
Personen kamen nicht zu Schaden.

Laut beiliegender Gutachterschätzung, die sich mit der Meinung des
Meisters meiner Reparaturwerkstatt deckt, entstand an meinem PKW
ein Sachschaden von DM 950,00 (ohne Mehrwertsteuer)

Ich bitte um baldige Regulierung des Versicherungsschadens.

Mit freundlichen Grüßen

H. Blau

Anlage

Beleg 42

L E I S E L T   K G

* MEISTERBETRIEB   * FACHLICHE AUSFÜHRUNG
* ALTBAUSANIERUNG   ALLER SCHREINERARBEITEN
* PARKETTVERLEGUNG   * WAND- UND DECKENVERKLEIDUNG

SCHREINEREI LEISELT KG, AM WIESENRAIN 13, 6200 WIESBADEN

Herrn Malermeister
Hans Blau
Ringstr. 2
6200 Wiesbaden

TEL.: 06121/XXXXXX
IHR ZEICHEN: HB/EK
IHRE NACHRICHT VOM: 14.03.19.
UNSER ZEICHEN: L/MN
DATUM: 18.03.19..

Rechnung-Nr. 400

In Ihrem Werkstattgebäude, Ringstr. 2, führten wir
folgende Arbeiten aus:

Einbau einer Alu-Haustüre, einbrennlackiert, thermisch getrennt mit Gitter, einbruchsicher		5.280,00 DM
2 Türen gebeizt, Mattglanz mit offenen Poren 200cm mal 86cm	Stückpreis DM 270,00	540,00 DM
2 Bleiverglasungen nach Auswahl mit je 3 Rondellen verglast und in oben genannte Türen eingesetzt.	Stückpreis DM 300,00	600,00 DM
		6.420,00 DM
	14% MwSt	898,80 DM
		7.318,80 DM

Mit freundlichen Grüßen

Peters

(ppa. G. Peters)

Bankverbindungen   Postgiro

Beleg 43

Durchschrift	51090000 **Wiesbadener Volksbank eG** 6200 WIESBADEN 1

Empfänger (genaue Anschrift)
Büromöbel Heisser, 6100 Darmstadt

Bankleitzahl
508 900 00

Konto-Nr. des Empfängers
13579

bei (Kreditinstitut)
Darmst. Volksbank

Verwendungszweck (nur für Empfänger)
Rechnung Nr. 2134 vom 14.03.19..

abzügl. 3% Skonto = 117,99

DM
3.815,01

Konto-Nr. des Auftraggebers
1234567

Auftraggeber
Hans Blau, Wiesbaden
Ringstr. 2

19.03.19..
Datum

H. Blau
Unterschrift

2 Buchungsbelege

Beleg $\boxed{44}$

ROSI´S BLUMENSTÜBCHEN

Blumen – Kränze
Fleurop-Service

Rosi Knecht
Löwengasse 7
6200 Wiesbaden
Tel.:06121/XXXX

Herrn
Hans Blau
Ringstr. 2

6200 Wiesbaden

Ihr Zeichen:
Ihr Schreiben:
Unser Zeichen:
Datum: 20.März 19...

Sehr geehrter Herr Blau,
wir überbrachten heute das nach Ihrer Wahl gesteckte
Blumengebinde zum Geschäftsjubiläum der Firma

Gerüstbau,   Gisela Eberhardt Nachf.

| Wert: | inkl. 14% | 85,00 DM |

Der Betrag wurde durch Vorauszahlung
mit Verrechnungsscheck, Postgiro BLZ 500 100 60,
6000 Frankfurt, beglichen.

Mit freundlichen Grüßen

R. Knecht
(R. Knecht)

Beleg 45

Abteilung:	Kasse		
Menge	Buchungsfall		DM
	Datum	Für Gesellen Karl Kilbe	
	20.03.19..	Gehaltsvorschuß	***400,00**
Betrag erhalten *N. Kilbe*			***400,00**
	(K. Kilbe)		

Beleg 46

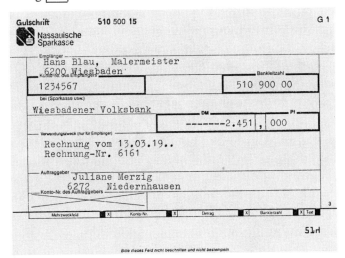

Gutschrift   510 500 15   G 1

Nassauische Sparkasse

Empfänger —
Hans Blau, Malermeister
6200 Wiesbaden
Konto-Nr. des Empfängers
1234567

Bankleitzahl
510 900 00

bei (Sparkasse usw.)
Wiesbadener Volksbank

DM --------2.451 , Pf 000

Verwendungszweck (nur für Empfänger) —
Rechnung vom 13.03.19..
Rechnung-Nr. 6161

Auftraggeber
Juliane Merzig
6272 Niedernhausen
Konto-Nr. des Auftraggebers

| Mehrzweckfeld | X | Konto-Nr. | X | Betrag | X | Bankleitzahl | X | Text |

3

51ri

Bitte dieses Feld nicht beschriften und nicht bestempeln

77

2 Buchungsbelege

Beleg 47

```
HEINZ MARTIN
Baubedarf
Schloßgartenweg 8
6200 Wiesbaden
Tel. 06121/XXXXXX


    Herrn Malermeister
    Hans Blau
    Ringstr. 2
    6200 Wiesbaden



Ihr Zeichen        Ihr Schreiben       Unser Zeichen        Tag
    HB/EK          vom 14.03.19..                        22.03.19..
    Rechnung-Nr. 535

    Wir lieferten Ihnen heute auf Ihre Rechnung
    und Gefahr einen
          INJEKTOR ⊥ KLEINSTRAHLER
    in der Ausführung "Reinigungs-und Entrostungs-
    Champion", ausgelegt für den Anschluß an Klein-
    kompressoranlagen mit einer Förderleistung
    von 2001/min an aufwärts zum Preise von.............DM 940,00
                                         14% MwSt     DM 131,60

                                                      DM1.071,60
                                                      ==========

    Mit freundlichen Grüßen
       martin
    (H. Martin)

    Zahlungsziel: 21.April19..
    Bei Zahlung innerhalb 7 Tagen 3% Skonto



    Bankverbindungen              Postgiro
```

Beleg 48

Beleg 49

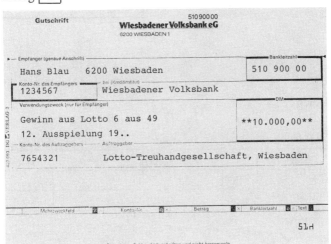

2 Buchungsbelege

Beleg 50

Privatentnahme	29.03.19..	DM .
Nach Lottogewinn DM 2.500,00 von Bankkonto bar abgehoben		2.500,00
J. Blau		2.500,00

Beleg 51

Abteilung:	Buchhaltung		
XXXXX		Buchungsfall	DM
	Datum		
	30.03.	Gesamtarbeitgeberanteil zur	2.700,00
J. Bl.		Sozialversicherung wird als Schuld gebucht	2.700,00

Beleg 52

MARKISEN • ROLLADEN • JALOUSIEN

GOTTFRIED WEIGL KG

TURMGASSE 1
6200 WIESBADEN
TEL.: 06121/XXXXXX

Herrn Malermeister
Hans Blau
Ringstr. 2
6200 Wiesbaden

Ihr Zeichen	Ihr Schreiben	Unser Zeichen	Tag
HB/EK	20.03.19..	GW/TK	30.03.19..

Rechnung-Nr. 123

Lieferung und Montage einer TÜV-geprüften
Alu-Gelenkarm-Markise 600 cm mal 260 cm
an Ihrem Schaufenster Ringstr. 2.   1.045,00 DM
Anbringen von 5 Rolladenantrieben Typ 820
parterre an Werkstatt- und Bürofenstern
                          Stückpreis DM 350,00   1.750,00 DM
                                                  2.795,00 DM
                          14% MwSt   391,30 DM
                                                  3.186,30 DM
                                                  ===========

Mit freundlichen Grüßen

Weigl

(G. Weigl)

Zahlungsziel: 30.04.19..
Bei Zahlung innerhalb von 7 Tagen 3% Skonto.

Bankverbindungen   Postgiro

2 Buchungsbelege

April

Beleg 53

Durchschrift	**Wiesbadener Volksbank eG** 6200 WIESBADEN 1	51090000

Empfänger (genaue Anschrift)		Bankleitzahl
Landeshauptstadt Wiesbaden -Steueramt-		510 500 15

Konto-Nr. des Empfängers — bei (Kreditinstitut)
100008 — Nassauische Sparkasse

Verwendungszweck (nur für Empfänger)

Gewerbesteuervorauszahlung 1.1. - 31.3.
St.Nr. 3.01.0200.400   19..   DM ***3.000,00***

Konto-Nr. des Auftraggebers — Auftraggeber
1234567 — Hans Blau, Wiesbaden

03.04.19.. — Datum   H. Blau — Unterschrift

Beleg 54

Durchschrift	**Wiesbadener Volksbank eG** 6200 WIESBADEN 1	51090000

Empfänger (genaue Anschrift)		Bankleitzahl
Firma G. Weigl, 6200 Wiesbaden		510 700 21

Konto-Nr. des Empfängers — bei (Kreditinstitut)
004321 — Deutsche Bank, Wiesbaden

Verwendungszweck (nur für Empfänger)

Rechnung vom 30.03.19.. Nr. 123
3.186,30 DM abzgl. 3% Skonto = 95,58 DM   DM ***3.090,71***

Konto-Nr. des Auftraggebers — Auftraggeber
1234567 — Hans Blau, Wiesbaden

05.04.19.. — Datum   H. Blau — Unterschrift

Beleg 55

VOLKER GMBH

Darmstädter Str. 70

6200 Wiesbaden

Tel.: 06121/XXXXXX

FARBENMARKT

- Lacke
- Farben
- Tapeten
- Bodenbelag
- Gardinen
- Werkzeuge
- Baumaterialien

Herrn Malermeister
Hans Blau
Ringstr. 2
6200 Wiesbaden

Ihr Zeichen	Ihr Schreiben	Unser Zeichen	Tag
HB/EK		KV/JM	5.04.19..

Wechselakzept vom 16.02.19..

Wir danken für die Akzeptierung unseres Wechsels über
DM 9.000,00.
Für den entstandenen Diskont haben wir Ihr Kundenkonto mit
DM 52,00 belastet.
Wir bitten um gleichlautende Buchung.
Auf eine Steuerkorrektur wird verzichtet.

Mit freundlichen Grüßen

(K. Volker)

Beleg 56

GERÜSTBAU
PUTZ UND STUCK
GISELA EBERHARDT NACHF.

AM BUCHENHAIN 3, 6200 WIESBADEN

Herrn Malermeister
Hans Blau
Ringstr. 2
6200 Wiesbaden

TEL.: 06121/XXXXX

Ihr Zeichen	Ihr Schreiben	Unser Zeichen	Tag
HB/EK	vom 28.03.19..	GE/UM	06.04.19..

Rechnung-Nr. 1432

In Ihrem Auftrag erstellten wir an der
Ost- und Südfassade des Hauses
Burgstraße 73, Wiesbaden, ein Baugerüst
bis Dachhöhe zu einem Pauschalpreis von

		DM 1.670,00
14% MwSt	DM	233,80
		DM 1.903,80

Zahlbar sofort ohne Abzug

Mit freundlichen Grüßen

(G. Eberhardt)

Beleg 57

DER OBERBÜRGERMEISTER DER STADT WIESBADEN
- ORDNUNGSAMT -
BAHNHOFSTRASSE 41 - TEL. 313633/312489

* ORDNUNGSAMT,POFA.3967,62WIESBADEN

Herrn
Hans Blau
Ringstr. 2
6200 Wiesbaden

Für Vermerke des Absenders

Verwarnungsgeld

Einlieferungsschein
- Bitte sorgfältig aufbewahren -

DM	Pf
20.	**

für
Stadt Wiesbaden
Ordnungsamt
Bahnhofstr.
6200 Wiesbaden

Betrifft: Schriftliche Verwarnung mit Verwarnungsgeld / Anhörung des Betroffenen vor Erstattung einer Ordnungswidrigkeits-Anzeige.

Sehr geehrter Verkehrsteilnehmer,

IHNEN WIRD ZUR LAST GELEGT, AM 22.03.19,.UM 12.29 UHR IN
6200 WIESBADEN, MORITZSTR V 16
ALS FUEHRER DES LKW, VW   , WI-HB 88
FOLGENDE ORDNUNGSWIDRIGKEIT NACH PAR. 24 STVG BEGANGEN ZU HABEN.
SIE BENUTZTEN VERBOTSWIDRIG EINEN SONDERFAHRSTREIFEN
(BUSSPUR - ZEICHEN 245).
PAR. 41(2),49 STVO.

Beweismittel
Zeuge: HILFSPOLIZEI

VERWARNUNGSGELD 20.- DM   WIESBADEN,02.04.
                                  Hochachtungsvoll
                        i.A.

Anmerkung   bitte wenden ▶

Der Kasse wurden DM 20,00 plus
DM 1,50 Portogebühren entnommen

2 Buchungsbelege

Beleg $\boxed{58}$

Durchschrift

Wiesbadener Volksbank eG

51090000

6200 WIESBADEN 1

Empfänger (genaue Anschrift) — Bankleitzahl

Innungskrankenkasse   6200 Wiesbaden
Abraham-Lincoln-Str.

510 900 00

Konto-Nr. des Empfängers — bei (Kreditinstitut)

12131415   Wiesbadener Volksbank

Verwendungszweck (nur für Empfänger)

Umlagebeitrag zur Ausgleichskasse
Nr. 100/100/200/3

DM

580,00

Konto-Nr. des Auftraggebers — Auftraggeber

1234567   Hans Blau, Malermeister
6200 Wiesbaden

09.04.19..   H. Blau
Datum   Unterschrift

Beleg 59

ESWE
Stadtwerke Wiesbaden AG
Abteilung Verkauf
Postfach 5540, Kronhgasse 2, 6200 Wiesbaden

Abrechnung Rechnungsmonat
Ihre Kunden-Nr.
01230045600
Im Geschäftsverkehr mit uns
bitte stets vollständig angeben!

von 27.10. bis 10.02.

Hans Blau
Ringstr. 2
6200 Wiesbaden

Malerwerkstatt
Ringstr. 2

	Art	Tarif**	Installations-Nr.	neu 4	alt 5	Verbrauch kWh/m³ 6	Arbeitspreis je kWh/m³ in Pfg. 7	Arbeitspreissumme DM 8	Grundpreis DM 9	Mehrwertsteuer 10
	STROM	100	T A5091	024939	024928 =	411 ×	13.50 =	55,49*+	9,64	
	STROM	100	A5041	027270	024939	631	14,70	122,16*	133,35*+	22,71
									40,05*	

*hiervon Ausgleichsabgabe gemäß Verstromungsgesetz (siehe Rückseite)
** A = Zähler ausgewechselt, E = Einzählung, T = Tarifänderung   **V-VERSTROMUNGSGESETZ**   4,00 VH.

Rückfragen: fernmündlich 3 89-22 80
Besuchszeiten im ESWE-Zentrum Kirchgasse 2:
Mo, Di, Mi   8.00 – 16.30 Uhr
Donnerstag   8.00 – 17.30 Uhr
Freitag   8.00 – 12.00 Uhr

Netto/abzug Stellen 6 und 9	DV	240,29
Mehrwertsteuer Spalte 10	+ DM	33,64
Bruttobetrag	= DM	273,93
Abschlag	– DM	130,00
Summe	= DM	143,93
Restbetrag von	+ DM	0,00

7,11   2,13   1,29

Postgiro –   ABBUCHUNG AM 09.04.   **ENDBETRAG**   =   143,93

zum Kugelschreiber-Glas entspricht zur Zeit einer Energiemengenpreisform

Für

2 Buchungsbelege

Beleg 60

Datum und Zeichen Ihres Schreibens   Unser Zeichen   Datum 09.04.19..

Herrn
Hans Blau
Ringstr. 2
6200 Wiesbaden

Laut beiliegender Aufstellung vervollständigten wir
heute das Verbandsmaterial Ihres Werkstatt-Verbands-
kastens.
Die Ausstattung entspricht DIN 13 164.

14% MwSt	114,56 DM
	16,04 DM
Gesamtbetrag	130,60 DM

Betrag bar erhalten

ÄSKULAP-APOTHEKE
Wiesbaden

Beleg 61

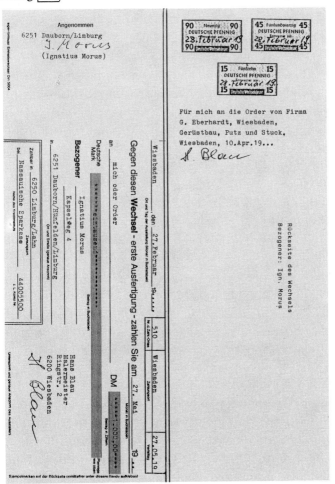

2 Buchungsbelege

Beleg 62

```
        Stephan und Ute Kluge
             Rechtsanwälte

        Irenenallee 2 - 6200 Wiesbaden
        Tel. 06121/XXXXXX


        Herrn Malermeister
        Hans Blau
        Ringstr. 2                        10.04.19..

        6200 Wiesbaden


        Blau ./. Modernisierungs-GmbH

        Sehr geehrter Herr Blau,
        in obiger Sache habe ich innerhalb des gerichtlichen Mahnver-
        fahrens den Vollstreckungsbescheid erwirkt und die Zwangs-
        vollstreckung betrieben. Durch Anfrage beim zuständigen Amts-
        gericht Frankfurt -Konkursabteilung- erfuhr ich, daß der Ge-
        schäftsführer der GmbH Konkurs angemeldet hat. Mit größter
        Wahrscheinlichkeit wird dieser mangels einer die Verfahrens-
        kosten deckenden Masse abgewiesen werden.

        Ich halte daher weitere Maßnahmen zum augenblicklichen Zeit-
        punkt für kostentreibend und rechne nunmehr wie folgt ab:

        Gegenstandswert:    DM  10.465,00

        Antrag auf Mahnbescheid, § 43 Zif. 1 BRAGO     DM    552,00
        Antrag auf Vollstreckungsbescheid, Zif. 3      DM    276,00
        Auslagenpauschale, § 26 BRAGO                  DM     40,00
        Verauslagte Gerichtskosten + Zustellung *      DM    104,50

        Pfändungsauftrag, § 57 Abs. 1                  DM    165,60
        Auslagenpauschale, § 26                        DM     24,84
        Gerichtsvollziehernahme*                       DM     67,50
                                  (*= ohne USt)        ─────────────
                                                       DM  1.230,44

        14% UST aus DM  1.058,44                       DM    148,18
                                                       ─────────────
                                                       DM  1.378,62
                                                       =============

        Bitte überweisen Sie den Betrag
        auf eins der angegebenen Konten.

        Die mir überlassenen Unterlagen, sowie Titel und
        Vollstreckungsunterlagen übersende ich in der Anlage
        zu meiner Entlastung.

        Mit freundlichen Grüßen

             Kluge
             gez. RA Kluge


        Bankverbindungen              Postgiro
```

Beleg 63

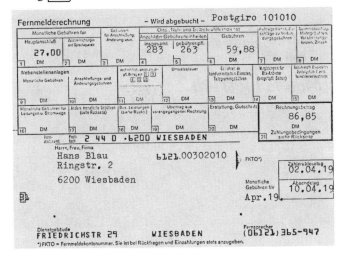

Fernmelderechnung					– Wird abgebucht –			Postgiro 101010	
Monatliche Gebühren für			Gut- und Lastschr. für Anschließung, Änderung usw.	Orts-, Nah- und Selbstwählferndienst			Gebühren	Aufträge, damit, Zuschläge zu Verbindungsgebühren	Säumniszuschläge Mahngebühren, Vollstreckungskosten, Zinsen
Hauptanschluß	Zusatzeinrichtungen und Sprechstellen			Anzahl der Gebühreneinheiten					
27,00				insgesamt 283	gebührenpfl. 263		59,88		
1 DM	2 DM	3 DM	4	5		6 DM	7 DM	8 DM
Nebenstellenanlagen		Anschließungs- und Änderungsgebühren	nachrichtlich, wiederkehrender Betrag LII		Umsatzsteuer		Entgelte im handvermittelten Dienste, Telegrammgebühren	Vergütungen für Blockarbeiter (entgeltpfl. Sätze)	Gebühren f. Einzeichnis-Zusatzeintr. Land Teilnehmerverzeichnis
Monatliche Gebühren									
9 DM	10 DM	11 DM	12 DM	13 DM		14 DM	15 DM	
Monatliche Gebühren für Leitungen u. Stromwege	Andere monatliche Gebühren (siehe Rückseite)	Bes. Leistungen (siehe Rücks.)	Übertrag aus vorangegangener Rechnung	Erstattung, Gutschrift		Rechnungsbetrag		
						86,85		
16 DM	17 DM	18 DM	19 DM	20 DM		21 Zahlungsbedingungen siehe Rückseite		

Fernmeldeamt   Postfach   **2 44 0 .6200 WIESBADEN**

Herrn, Frau, Firma
**Hans Blau
Ringstr. 2**

6200 Wiesbaden

6121.00302010   FKTO*)

Zahlerablesetag
02.04.19

Monatliche Gebühren für
Apr.19.

Absendetag
10.04.19

Dienstgebäude
FRIEDRICHSTR 29   **WIESBADEN**   Fernsprecher **(06121) 365-947**

*) FKTO = Fernmeldekontonummer. Sie ist bei Rückfragen und Einzahlungen stets anzugeben.

2 Buchungsbelege

Beleg 64

Lacke und Farben	MALERMEISTER
Malereibetrieb	HANS BLAU
	RINGSTRASSE 2
	6200 WIESBADEN

Telefon 06121/ 302010

Herrn
Oskar Kater
Schloßgarten 23

6229 Walluf/Rhein

Wiesbadener Volksbank
BLZ 510 900 00
Konto-Nr. 1234567
Postgiroamt Frankfurt
BLZ 500 100 60
Kto-Nr. 101010

Unser Zeichen   Tag
HB/EK   12.04.19..

Verzugszinsen

Unsere Rechnung Nr. 1717 vom 15.Oktober 19.. über
DM 2.500,00 ist von Ihnen bis heute noch nicht beglichen.
Ich berechne Ihnen daher:

9% Zinsen für sechs Monate aus DM 2.500	112,50 DM
Auslagen für Porti DM 6,20 +14% MwSt=0,87	7,07 DM
	119,57 DM

Ich erwarte nunmehr die Gesamtsumme von DM 2.619,57

innerhalb von acht Tagen!

Hochachtungsvoll

J. Blauu

Beleg 65

Lastschrift	510 900 00		Einzugsermächtigung
Wiesbadener Volksbank eG	№ 0763129		des Zahlungspflichtigen liegt dem Zahlungsempfänger vor.
6200 WIESBADEN 1			

Zahlungspflichtiger — Bankleitzahl —

Malermeister Hans Blau, 6200 Wiesbaden

Konto-Nr. des Zahlungspflichtigen — bei

1234567   Wiesbadener Volksbank

Verwendungszweck (Mitteilung für den Zahlungspflichtigen) — DM —

Abschlagzahlung
Wach- und Schließgesellschaft Neunauge

Firmengrundstück: Wiesb. Ringstr. 2   ****360,00****

Konto-Nr. des Zahlungsempfängers — Zahlungsempfänger

214389   s.o.   6200 Wiesbaden, Bruchstr. 13

Fristen und Termine für Fälligkeit, Vorlage und Rückgabe dürfen auf der Lastschrift nicht angegeben werden.

| Mehrzweckfeld | × | Konto-Nr. | × | Betrag | × | Bankleitzahl | × | Text |

05н

DG VERLAG 3

441 236

Bitte dieses Feld nicht beschriften und nicht bestempeln

Beleg 66

Durchschrift	510 900 00
	Wiesbadener Volksbank eG
	6200 WIESBADEN 1

Empfänger (genaue Anschrift) — Bankleitzahl —

Heinz Martin, Baubedarf   510 500 15
6200 Wiesbaden

Konto-Nr. des Empfängers — bei (Kreditinstitut)

171717   NASPA Wiesbaden

Verwendungszweck (nur für Empfänger) — DM —

Rechnung vom 22. März 19..   ***1.071,60***

Rechnung Nr. 535

Konto-Nr. des Auftraggebers — Auftraggeber

1234567   Hans Blau
6200 Wiesbaden

15.04.19..   _H. Blau_
Datum   Unterschrift

2 Buchungsbelege

Beleg 67

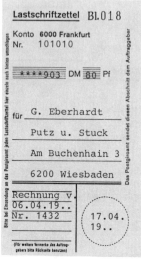

Lastschriftzettel Bl.018

Konto **6000 Frankfurt**
Nr.   101010

*****903** DM **80** Pf

für G. Eberhardt

Putz u. Stuck

Am Buchenhain 3

6200 Wiesbaden

Rechnung v.
06.04.19..
Nr. 1432

17.04.
19..

(Für weitere Vermerke des Auftraggebers bitte Rückseite benutzen)

Beleg 68

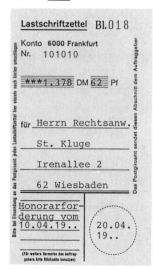

Lastschriftzettel Bl.018

Konto **6000 Frankfurt**
Nr.   101010

****1.378** DM **62** Pf

für Herrn Rechtsanw.

St. Kluge

Irenallee 2

62 Wiesbaden

Honorarfor-
derung vom
10.04.19..

20.04.
19..

*(Für weitere Vermerke des Auftrag-
gebers bitte Rückseite benutzen)*

Beleg 69

```
Oskar Kater                          6229 Walluf, 20.04.19..
                                     Schloßgarten 23



Sehr geehrter Herr Blau,
nach einer längeren schweren Krankheit komme ich erst jetzt
dazu, Ihre Rechnung vom 15.10.19.. zu bezahlen.
Ich bitte um Entschuldigung und lege diesem Schreiben einen
Verrechnungsscheck über DM 2.619,57 bei.
Für die vorzüglichen Tapezierarbeiten in meinem Wohnhaus
danke ich Ihnen nochmals.

Mit freundlichen Grüßen

     J. Kater

Anlage
Verrechnungsscheck (Volksbank Eltville)
```

Beleg 70

Autohaus SCHNEIDER & CO
AM BRUCH 38

6200 WIESBADEN
TEL.: 06121/XXXXXX

Herrn Malermeister
Hans Blau
Ringstr. 2
6200 Wiesbaden

Rechnung-Nr. A 3456
Rechnungsdatum: 24.04.19..

Ihr Zeichen	Ihr Schreiben	Unser Zeichen	Tag	24. Apr. 19..

Firmenwagen

Amtl. Kennz.	Zulassg.	Fahrgest. Nr.	Km-Stand
WI-HB 88	12.03.19..	76543210	78230

	DM
Abgasanlage aus- und eingebaut und ersetzt	73,50
Abgasanlage mit Schweißgerät demontiert	27,50
Abgaskrümmer aus- und eingebaut einschl.	
Dichtungen erneuert	75,50
Zwei abgerissene Stiftschrauben entfernt und	
erneuert, Gewinde in Zylinderkopf nachgearbeitet	
und Anschlußflansch nachgearbeitet	1o5,50
Bremsklötze vorne links und rechts aus- und einge-	
baut und ersetzt	41,50
Bremsanlage entlüftet und gereinigt, Festsättel	
nachgearbeitet	51,00
Original-Teile: Bremsbeläge, Bremsflüssigkeit, Feder	81,20
Elastic Motoröl	32,35
Abgasanlage mit Zubehör s. Anlage	675,60
4 Zündkerzen ersetzt	18,00
	1.181,65
14% Umsatzsteuer	165,43
Gesamtbetrag	1.347,08

Mit freundlichen Grüßen

Schneider

Bankverbindungen   Postgiro

Beleg 71

MASCHINENFABRIK
SCHUCHHARDT & SÖHNE
DAIMLERALLEE 88-94, 6200 WIESBADEN   TEL.: 06121/XXXXXX

Herrn Malermeister
Hans Blau
Ringstr. 2
6200 Wiesbaden

IHR ZEICHEN: HB /EK
IHR SCHREIBEN: 15.Apr.19..
UNSER ZEICHEN: EE/SSM
DATUM: 26.Apr.19..

R E C H N U N G
435/3/S.S

Gemäß Ihrem Auftrag vom 15.04.19.. erhielten Sie
am 23.Apr.19..
auf eigene Gefahr

	Preis DM
1 PJ Hochleistungsgerät 599 VD Kompaktgerät für normale und dickflüssige Materialien mit der einmaligen Kolbenpumpenkraft für höchste Leistung. Düsengröße bis 0,58mm (0,23")	12.600,00
Verpackung in Hart-PVC und Lattenstütze	240,00
	12.840,00
Mehrwertsteuer 14%	1.797,60
	14.637,60

Es gelten die umseitig genannten Lieferungs- und
Zahlungsbedingungen.

Mit freundlichen Grüßen

(L. Schuchhardt)

Bei Rückgabe der Verpackung erstatten wir 60% des
Verpackungspreises = 144,00DM

Bankverbindungen   Postgiro

Beleg 72

Für Vermerke des Absenders

H. Blau

6200 Wiesbaden

Postgirokonto Nr. des Absenders

101010

~~Einlieferungsschein~~/**Lastschriftzettel**

DM   Pf

3

Los Nr. **R** 12'01121

für Postgirokonto Nr.   Postgiroamt

999-505   **Köln**

ZDF-Lotterie DER GROSSE PREIS

zu Gunsten »Aktion Sorgenkind«

5300 Bonn

Aktion Sorgenkind

2.05.

19..

Postvermerk

J. Weichert   Xds *9. 83 / 6 5 4 3
210×105,8, Kl. 79   923 953 000-8

Beleg $\boxed{73}$

MASCHINENFABRIK
SCHUCHHARDT & SÖHNE
DAIMLERALLEE 88-94, 6200 WIESBADEN   TEL.: 06121/XXXXXX

Herrn Walermeister   IHR ZEICHEN: HB/EK
Hans Blau   IHR SCHREIBEN: 29.Apr.19..
Ringstr. 2   UNSER ZEICHEN: EE/SSM
6200 Wiesbaden   DATUM: 03.Mai19..

Sehr geehrter Herr Blau,
wir erkennen die von Ihnen reklamierten Mängel an dem von uns
gelieferten PJ-Hochleistungsgerät 599 VD an.
Leider ist eine Beseitigung des Fehlers in absehbarer Zeit
durch unsere Monteure nicht möglich.
Da unser Kompaktgerät trotz der beanstandeten Mängel voll
einsatzbereit bleibt, gewähren wir Ihnen einen Preisnachlaß
von DM 500,00.

Wir danken für die sofortige Rückgabe der Verpackung, für die
wir bereits DM 144,00
plus 14% MwSt   20,16
            ‾‾‾‾‾‾‾‾‾‾
            DM 164,16
            ========== auf Ihr Postgirokonto überwiesen haben.

Mit freundlichen Grüßen

Schuchhardt

(L.Schuchhardt)

BL 0 9 2

Für Postgirokonto Nr.
101010

++++164 DM 16 Pf

Masch.Fabrik
Schuchhardt

62 Wiesbaden

betrifft: Rechng. v
Rückgabe der
Verpackung
144,00 + 20,16
MwSt

Beleg 74

Auszahlungs-Quittung

Wiesbadener Volksbank eG
510 900 00

Konto-Nr	Kontoinhaber
1234567	Hans Blau, 62 Wiesbaden

Barabhebung für Geschäftskasse

DM
+++1.500,00*

Betrag in Worten
+++++eintausendfünfhundert+++++

erhalten.

5.05.19..
Datum

A. Blau
Unterschrift

angewiesen

Form 315 10/81

Beleg 75

Durchschrift
510 900 00
Wiesbadener Volksbank eG
6200 WIESBADEN 1

Empfänger (genaue Anschrift) — Bankleitzahl

Masch.Fabr. Schuchhardt, 6200 Wiesbaden | 510 500 15

Konto-Nr. des Empfängers — bei (Kreditinstitut)

47110 | NASPA Wiesbaden

Verwendungszweck (nur für Empfänger)

Rechnung v. 26. April 19.. abzgl. Berichtigungen 164,16 DM und 500,00 DM = 13.973,44 abzgl. 3% = 419,20 DM

DM
13.554,24

Konto-Nr. des Auftraggebers — Auftraggeber

1234567 | H. Blau, Wiesbaden

08. Mai 19..
Datum

A. Blau
Unterschrift

2 Buchungsbelege

Beleg 76

Empfänger (genaue Anschrift)

Autohaus Schneider & Co
6200 Wiesbaden

Bankleitzahl

510 900 00

Konto-Nr. des Empfängers — bei (Kreditinstitut)

234234   Wiesbadener Volksbank

Verwendungszweck (nur für Empfänger)

Rechnung vom 24. April 19..
Rechnung Nr. A 3456

DM

1.347,08

Konto-Nr. des Auftraggebers — Auftraggeber

1234567   Hans Blau
6200 Wiesbaden

12.05.19..   H. Blau
Datum   Unterschrift

Beleg 77

```
        S T E U E R B E R A T U N G
              GERD E. WEHRMANN
            THEATERSTRASSE 54
            6200 WIESBADEN    TEL.: 06121/XXXXXX
```

Herrn Malermeister
Hans Blau
Ringstr. 2

6200 Wiesbaden

Ihr Schreiben	Unser Zeichen	Tag
	GW/ZT	12.05.19..

Mandanten-Nr. 13242

Gebührenrechnung nach StBGebV Nr. 6502

Wir berechnen folgende in Ihrem Auftrag durchgeführte
Leistungen:

Bearbeitung von Buchführungs- und Lohnunterlagen 19..	593,70 DM
Aufstellung von Bilanz und Gewinn- und Verlust-rechnung für 19..	120,40 DM
Ermittlung der Einkünfte aus Gewerbebetrieb 19..	290,90 DM
Aufstellung der Umsatz- und Gewerbesteuererklärung	170,10 DM
Überprüfung des vorjährigen Steuerbescheides	56,10 DM
	1.231,20 DM
14% Umsatzsteuer	172,37 DM
	1.403,57 DM

Zahlbar nach Erhalt ohne jeden Abzug

Mit freundlichen Grüßen

Wehrmann

Bankverbindungen   Postgiro

Beleg 78

 OTTO STEIGER

LEITERN AUS HOLZ - METALL - KUNSTSTOFF
6270 Idstein, Kölner Straße 12
Tel. 06126/XXXXXX

Herrn Malermeister
Hans Blau
Ringstr. 2
6200 Wiesbaden

Ihr Zeichen	Ihr Schreiben	Unser Zeichen	Tag
HB/EK	Anruf v. 10.05.19.	OST/ZH	12.05.19...

Rechnung-Nr. 657

Aus unserm Sonderangebot an Leitern
lieferten wir heute:

1 Alu-Fahrgerüst, kl Ausführung	DM 120,00
1 Allzweckleiter zweiteilig mit einer	
maximalen Arbeitshöhe von 4,90m	DM 80,00
1 Allzweckleiter dreiteilig mit einer	
maximalen Arbeitshöhe von 7,40m	DM 180,00
1 Schiebeleiter zweiteilig mit einer	
maximalen Arbeitshöhe von 7,20m	DM 150,00
	DM 530,00
abzgl. 10% Rabatt	DM 53,00
	DM 477,00
14% MwSt	DM 66,78
	DM 543,78

Die Leitern bleiben bis zur vollständigen Bezahlung
unser Eigentum.
Mit freundlichen Grüßen

O. Steiger

Bankverbindungen   Postgiro

Beleg 79

CARL STEIGER

CS

VERMIETUNG VON ARBEITSBÜHNEN

6200 Wiesbaden-Biebrich, Conradring 6
Tel. 06121-XXXXXX

Herrn Malermeister
Hans Blau
Ringstr. 2

6200 Wiesbaden

Auslieferung einer Arbeitsbühne am 14.05.19..

Sehr geehrter Herr Blau,
wir lieferten Ihnen heute eine Arbeitsbühne zur
Montage auf Ihren LKW.

Arbeitsbühnengerät Nr. Jk/B 24/567 Teleskop
Ausfahrbar auf eine Arbeitshöhe von 22m

		Preis	DM	8.333,33
		14% MwSt DM	1.166,67
		DM	9.500,00

Anzahlung: 4.500,00 DM
Monatliche Leasingrate bei der
ARD-Werkzeug-Leasing GmbH München

	DM	200,00
14% MwSt DM	28,00
DM	228,00

Erste Leasingrate fällig am 1.06.19..

Zusätzliche Vereinbarung:
Kunde stellt nach Ablauf der Leasingzeit Käufer oder
übernimmt die Arbeitsbühne selbst.

Mit freunlichen Grüßen

C. Steiger

Der Betrag von DM 4.500,00
wurde mit Verrechnungsscheck
Nr. 123432, Wiesb. Volksbank,
bezahlt.

Beleg 80

**BÜROMÖBEL
BÜROMASCHINEN
BÜROBEDARF**

Friedrich H E I S S E R
Pariser Straße 170
6100 Darmstadt   06151/XXXXXX

Herrn Malermeister
Hans Blau
Ringstr. 2
6200 Wiesbaden

Ihr Zeichen: HB/EK
Ihr Schreiben:
Unser Zeichen: FH/UL
Datum: 14.Mai 19..

Ihre Bestellung vom 10.05.19..

Rechnung-Nr. 246

Für Ihr Werkstattbüro lieferten wir Ihnen den sitz-
gerechten Bravo-Drehrollstuhl mit den kippsicheren
fünf Rollen Nr. 54321   DM 210,00
                        14% Umsatzsteuer   DM 29,40

                                                DM 239,40

5 Jahre Garantie ab Rechnungsdatum

Mit freundlichen Grüßen

(Fr. Heisser)

Bei Zahlung innerhalb 10 Tagen 3% Skonto.

Bankverbindungen   Postgiro

Beleg 81

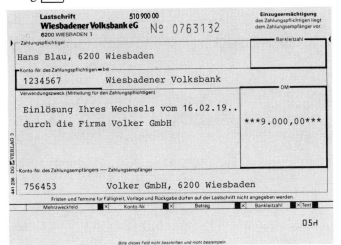

```
Lastschrift              510 900 00              Einzugsermächtigung
Wiesbadener Volksbank eG    № 0763132          des Zahlungspflichtigen liegt
6200 WIESBADEN 1                                 dem Zahlungsempfänger vor.

Zahlungspflichtiger                                          Bankleitzahl

Hans Blau, 6200 Wiesbaden

Konto-Nr. des Zahlungspflichtigen  bei

1234567             Wiesbadener Volksbank
                                                               DM
Verwendungszweck (Mitteilung für den Zahlungspflichtigen)

Einlösung Ihres Wechsels vom 16.02.19..
                                                ***9.000,00***
durch die Firma Volker GmbH


Konto-Nr. des Zahlungsempfängers  Zahlungsempfänger

756453              Volker GmbH, 6200 Wiesbaden

Fristen und Termine für Fälligkeit, Vorlage und Rückgabe dürfen auf der Lastschrift nicht angegeben werden.
Mehrzweckfeld      X   Konto-Nr.   X   Betrag   X   Bankleitzahl   X Text

                                                               05H
Bitte dieses Feld nicht beschriften und nicht bestempeln
```

Beleg 82

```
Durchschrift             510 900 00
               Wiesbadener Volksbank eG
               6200 WIESBADEN 1


Empfänger (genaue Anschrift)                          Bankleitzahl

O. Steiger      6270 Idstein/Taunus    510 617 05
Konto-Nr. des Empfängers   bei (Kreditinstitut)
61616161        Raiffeisenbank Mitteltaunus
Verwendungszweck (nur für Empfänger)                      DM

Rechnung vom 12. Mai 19.., Nr. 657     ****543,78


Konto-Nr. des Auftraggebers   Auftraggeber
1234567         Hans Blau, Wiesbaden


          16.05.19..        H. Blau
              Datum              Unterschrift
```

2 Buchungsbelege

Beleg 83

Durchschrift

Quittung DM ----- 62, Pf 70

Nr. einschl. 14 % MWSt/DM 7,70

zweiundsechzig ------- Pfennig wie oben

Deutsche Mark in Worten

von Altwarenhandlung Peter Schrotter
62 Wi-Schierstein
für Altblech und Altpapier

dankend erhalten

62 Wiesbaden, den 17.Mai19..

H. Blau

Unterschrift des Empfängers

Beleg 84

Lastschriftzettel Bl.018

Konto 6000 Frankfurt
Nr. 101010

****232 DM 22 Pf

für Firma
Büromöbel
Fr. Heisser
Pariser Str. 170

61 Darmstadt

Rechnung v.
14.05.19..
abzgl. 3%
= 7,18 DM

18.05.
19..

(Für weitere Vermerke des Auftraggebers bitte Rückseite benutzen)

Bitte bei Einsendung an das Postgiroamt jeden Lastschriftzettel hier hinzein nach hinten umschlagen

Das Postgiroamt sendet diesen Abschnitt dem Auftraggeber

Beleg 85

Durchschrift

51090000
Wiesbadener Volksbank eG
6200 WIESBADEN 1

Empfänger (genaue Anschrift) —
Steuerberatung G. Wehrmann
6200 Wiesbaden, Theaterstr. 54

Konto-Nr. des Empfängers — bei (Kreditinstitut) —
162534   Commerzbank, Wiesbaden

Bankleitzahl
510 400 38

Verwendungszweck (nur für Empfänger)
Rechnung vom 12. Mai 19..
Nr. 6502

DM
1.403,57

Konto-Nr. des Auftraggebers — Auftraggeber
1234567   Hans Blau, Wiesbaden

19. Mai 19..   *H. Blau*
Datum   Unterschrift

Beleg 86

Lastschriftzettel Bl. 018

Konto **6000 Frankfurt**
Nr.   101010

****160 DM ** Pf

für Finanzamt

Wiesbaden II

6200 Wiesbaden

Kraftfahr-
zeugsteuer
für die Zeit
vom ...
bis ...

20.05.
19..

(Für weitere Vermerke des Auftraggebers bitte Rückseite benutzen)

Bitte bei Einsendung an das Postgiroamt jeden Lastschriftzettel hier einzeln nach hinten umschlagen

Das Postgiroamt sendet diesen Abschnitt dem Auftraggeber

Beleg 87

MASCHINENFABRIK
SCHUCHHARDT & SÖHNE
DAIMLERALLEE 88-94, 6200 WIESBADEN
TEL.: 06121/XXXXXX

Herrn Malermeister
Hans Blau
Ringstr. 2
6200 Wiesbaden

IHR ZEICHEN: HB/EK
IHR SCHREIBEN: Überweisumg vom 08.05.19..
UNSER ZEICHEN: Rechnungsabteilung
DATUM: 14.Mai 19..

Ihre Banküberweisung vom 08.Mai 19..

Sehr geehrter Herr Blau,
leider können wir bei den von uns genau kalkulierten
Preisen Ihren Skonto-Abzug in Höhe von DM 419,20 nicht
anerkennen.
Wir bitten Sie, diesen ungerechtfertigten Skonto-Abzug
zu berichtigen und den Betrag von DM 419,20 auf eine
der angeführten Konten zu überweisen.

Hochachtungsvoll

(i.A. Krause)

Lastschriftzettel Bl.0 9 2

Konto 6000 Frankfurt
Nr. 101010

******419 DM 20 Pf

für Masch. Fabrik

Schuchhardt

Daimlerallee

62 Wiesbaden

Restbetrag
aus Rechng
v. 26.04.19

20.05.
19..

Beleg 88

Lacke und Farben

Malereibetrieb

MALERMEISTER
HANS BLAU
RINGSTRASSE 2
6200 WIESBADEN

Telefon 06121/ 302010

Maschinenfabrik
Schuchhardt & Söhne
Rechnungsabteilung
Daimlerallee 88-94

Wiesbaden

Wiesbadener Volksbank
BLZ 510 900 00
Konto-Nr. 1234567
Postgiroamt Frankfurt
BLZ 500 100 60
Kto-Nr. 101010

Ihr Zeichen	Ihr Schreiben	Unser Zeichen	Tag Wiesbaden,
EE/SSM	v.14.05.19..	HB/EK	21.Mai 19..

Sehr geehrter Herr Krause,
bei der Abstimmung meiner Buchführung stellte ich fest,
daß der Betrag für die Rückerstattung für Verpackungs-
material irrtümlich doppelt berechnet wurde.
Sie erstatteten den Betrag von DM 144,00 plus 20,16 MwSt
durch Postgiro. Leider wurde der gleiche Betrag auf meiner
Banküberweisung vom 08.Mai19.. ein zweitesmal abgezogen.
Diesem Schreiben lege ich einen Verrechnungsscheck der
Wiesbadener Volksbank über den Betrag von DM 164,16 bei.
Ich bitte das Versehen zu entschuldigen.

Mit freundlichen Grüßen

J. Blau

Anlage: Verrechnungsscheck

Beleg 89

Malereibetrieb   *Lacke und Farben*

MALERMEISTER
HANS BLAU
RINGSTRASSE 2
6200 WIESBADEN

Telefon 06121/ 302010

Herrn
Klaus Mager
Waldstr. 17
6201 Naurod/Taunus

Wiesbadener Volksbank
BLZ 510 900 00
Konto-Nr. 1234567
Postgiroamt Frankfurt
BLZ 500 100 60
Kto-Nr. 101010

Ihr Schreiben	Unser Zeichen	Tag
v.19.05.19..	HB/EK	23.05.19..

Sehr geehrter Herr Mager,

es tut mir außerordentlich leid, daß gerade
bei einem solch alten Kunden meine Farbmisch-
anlage versagen mußte. Selbstverständlich nehme
ich die für Sie wertlose Farbmischung zurück.
Ihrem Kundenkonto schreibe ich den bereits be-
zahlten Rechnungsbetrag gut:

	DM	245,90
plus 14%	DM	34,43
	DM	280,33

Mit freundlichen Grüßen

H. Blau

Juni

Beleg 90

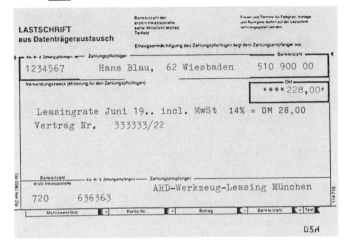

Beleg 91

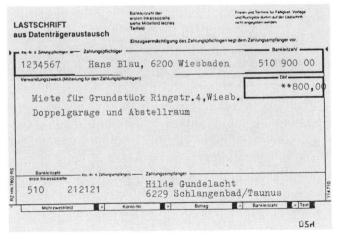

2 Buchungsbelege

Beleg 92

Malereibetrieb *Lacke und Farben*

MALERMEISTER
HANS BLAU
RINGSTRASSE 2
6200 WIESBADEN

Telefon 06121/302010

Herrn
Peter Gubernator
Thurgaustr. 5

6227 Winkel/Rhg

Wiesbadener Volksbank
BLZ 510 900 00
Konto-Nr. 1234567

Postgiroamt Frankfurt
BLZ 500 100 60
Konto-Nr. 101010

Ihr Schreiben	Unser Zeichen HB/EK	Tag 2.06.19..

Rechnung-Nr. 151

Sehr geehrter Herr Gubernator,
ich beziehe mich auf meinen Kostenvoranschlag vom 25.05.19..
über folgende Arbeiten:
Decken und Wandflächen mit Papiermakulatur
tapezieren   insgesamt 114,90m²
Vorgenannte Flächen z.T. mit Mustertapeten,
Textil- oder Grastapeten tapezieren   114,90m²

Im Eingang Stuckbogen vor der Garderobe
anfertigen: Pauschal 12 Stunden plus Materialkosten

Gesamtes Holzwerk: Fenster, Türen und Rolladen-
kästen ausschleifen, nachspachteln, vor- und end-
lackieren und im gewünschten Farbton übergeben

Gesamte Heizkörperflächen vorbehandeln und mit
Heizkörperperlack lackieren

Fußböden und Möbelflächen abkleben und nach Been-
digung der Arbeiten Schutt entfernen

	Insgesamt	17.495,00 DM
	14% MwSt	2.449,30 DM
		19.944,30 DM

Mit freundlichen Grüßen

H. Blau

Beleg 93

Gutschrift	510 900 00
	Wiesbadener Volksbank eG
	6200 WIESBADEN 1

— Empfänger (genaue Anschrift) —

Hans Blau, 6200 Wiesbaden, Ringstr. 2

Bankleitzahl
510 900 00

Konto-Nr. des Empfängers — bei (Kreditinstitut) —
1234567 Wiesbadener Volksbank

Verwendungszweck (nur für Empfänger)

Rechnung Nr. 151 vom 02.06.19..

Teilzahlung

DM
12.000,00

Konto-Nr. des Auftraggebers — Auftraggeber —
24680 P. Gubernator, 6227 Winkel/Rhg.

| Mehrzweckfeld | × | Konto-Nr. | × | Betrag | × | Bankleitzahl | × Text |

51H

Bitte dieses Feld nicht beschriften und nicht bestempeln

Beleg 94

Malereibetrieb Lacke und Farben

MALERMEISTER
HANS BLAU
RINGSTRASSE 2
6200 WIESBADEN

Herrn
Walter Kornfeld
an der alten Oper 1

6200 Wiesbaden

Tel. 06121/302010
Wiesbad. Volksbank
BLZ 510 900 00
Kt.Nr. 1234567

Postgiro Frankfurt/M
BLZ 500 100 60
Kt.Nr. 101010

Datum und Zeichen Ihres Schreibens	Unser Zeichen	Datum
Versicherungs.-Nr 120/34/89	HB/EK	11.06.19..

Mein Schreiben
vom 13.03.19..

Sehr geehrter Herr Kornfeld,
nach Wiederherstellung aller durch den Einbruch am 12./13.03.19..
beschädigten Gebäude- und Einrichtungsteile übersende ich
Ihnen in der Anlage die Endabrechnungen der einzelnen Handwerker
und Unternehmer:
An der Einrichtung entstand somit ein Schaden von   DM 1.890,00 o. MwSt
und am Gebäude von   DM 2.740,00 o. MwSt
                                insgesamt also   DM 4.630,00 o. MwSt
                                                      ============

Im Vergleich zu einer ersten Schadensschätzung
liegen die Reparaturkosten für die
Einrichtung um DM 290,00 und für das Gebäude um
          DM 240,00 höher.

Ich bitte um baldige Regulierung meines Versicherungsschadens.

Mit freundlichen Grüßen   Anlagen

J Blau

Beleg 95

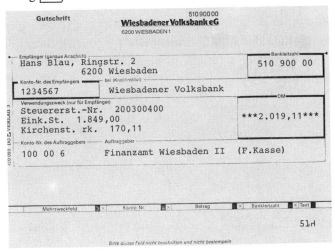

2 Buchungsbelege

Beleg 96

 **Kübeldienst** **Spezialtransporte**   TEL.: 06121/XXXXXX

DEISS & PAUL
HAUPTSTRASSE 25-27
6200 WIESBADEN

Herrn Malermeister
Hans Blau
Ringstr. 2
62 Wiesbaden

Ihr Zeichen	Ihr Schreiben	Unser Zeichen	Tag
HB/EK	Anruf	DP/OL	15.06.19..

Rechnung-Nr. 22331

Sehr geehrter Herr Blau,
zum Abtransport von Bauschutt aus Ihren Werkstattanlagen
stellten wir einen 6 cbm Kübel bereit   95,00 DM
                            Abladegebühr   12,00 DM

                                                   107,00 DM
                        14% Umsatzsteuer   14,98 DM

                                                   121,98 DM
zahlbar rein netto innerhalb von
14 Tagen
Mit freundlichen Grüßen

Deiss

(L.Deiss)

Bankverbindungen   Postgiro

Beleg 97

Kassenbeleg	15.06.19..	DM
Verkauf einer – schon bei Anschaffung voll abgeschriebenen – betriebseigenen Schreibmaschine:		
Anschaffungswert DM 700,00		
Verkaufspreis DM 200,00		
14% Mehrwertsteuer DM 28,00		
Barzahlungspreis		228,00
Blaee		228,00

2 Buchungsbelege

Beleg 98

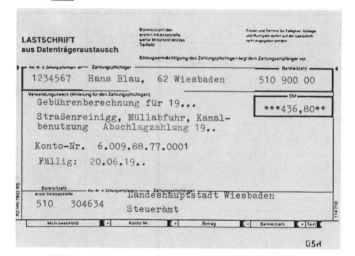

Beleg 99

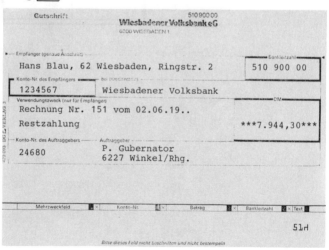

Beleg $\boxed{100}$

Quittung	**Wiesbadener Volksbank eG**
	51090000

Konto-Nr.	Kontoinhaber
1234567	Hans Blau, 6200 Wiesbaden

Privat-Bareinzahlung auf Geschäfts-
konto

DM

4.000,00

Betrag in Worten (unter 1000 DM entbehrlich. Freies Feld durchstreichen)

****viertausend****

20.06.19..
Datum

Diese Quittung gilt nur mit dem Aufdruck der Kassenmaschine und
der Unterschrift des Kassierers oder mit zwei Unterschriften der durch
Aushang bekanntgegebenen Zeichnungsberechtigten.

H. Blau
Unterschrift

Wiesbadener Volksbank eG

Beleg $\boxed{101}$

Durchschrift	51090000 **Wiesbadener Volksbank eG** 6200 WIESBADEN 1	

Empfänger (genaue Anschrift)		Bankleitzahl
Kübeldienst DEISS & PAUL 6200 Wiesbaden		510 800 60

Konto-Nr. des Empfängers	bei (Kreditinstitut)
787878	Dresdner Bank, Wiesbaden

Verwendungszweck (nur für Empfänger)

Rechnung-Nr. 22331 vom 15.06.19..

DM

121,98

Konto-Nr. des Auftraggebers	Auftraggeber
1234567	Hans Blau, Wiesbaden

26. Juni 19..
Datum

H. Blau
Unterschrift

Beleg 102

Malereibetrieb Lacke und Farben

MALERMEISTER
HANS BLAU
RINGSTRASSE 2
6200 WIESBADEN

Telefon 06121/ 302010

Herrn
Peter Gubernator
Thurgaustr. 5
6227 Winkel/Rhg

Wiesbadener Volksbank
BLZ 510 900 00
Konto-Nr. 1234567
Postgiroamt Frankfurt
BLZ 500 100 60
Kto-Nr. 101010

Ihr Zeichen	Ihr Schreiben vom 24.06.19..	Unser Zeichen HB/EK	Tag 29.06.19..

Sehr geehrter Herr Gubernator,
ich beziehe mich auf Ihr Schreiben vom 24.06.19.. und
unsere Unterredung in Ihrem Hause, Thurgaustr. 5, am
26.06.19... Sie erklärten sich mit folgender Regelung
einverstanden:
Da durch ein Versehen meines Gesellen verschiedene Einrich-
tungsgegenstände Ihres Wohnzimmers Farbspritzer erhielten
und eine Reinigung unverhältnismäßig hohe Kosten ergeben
würde, andererseits die Farbflecken aber nicht direkt sicht-
bar werden, gewähre ich Ihnen auf meine Rechnung vom 02.06.19..
über DM 19.944,30, einen Preisnachlaß von 3% = 598,33 DM.
==========

Für das Versehen meines Gesellen bitte ich Sie um Ent-
schuldigung.

Mit freundlichen Grüßen

H. Blau

Durchschrift	**Wiesbadener Volksbank eG** 51090000 6200 WIESBADEN 1	
Empfänger (genaue Anschrift)		Bank/(Leitzahl)
Peter Gubernator, 6227 Winkel/Rhg		510 500 15
Konto-Nr. des Empfängers — 24680	bei - (Volksbanken, Raiffeisenbanken usw.) oder ein anderes Konto des Empfängers¹) Nass. Sparkasse	DM
Verwendungszweck (nur für Empfänger) Preisnachlaß Mein Schreiben vom 29.06.19..		****598,33**
Konto-Nr. des Auftraggebers — 1234567	Auftraggeber: Hans Blau, 6200 Wiesbaden	
¹)Soll die Überweisung auf ein anderes Konto ausgeschlossen sein, so sind die Worte „oder ein anderes Konto des Empfängers" zu streichen.		
30.06.19... Datum	H. Blau Unterschrift	

Juli

Beleg 103

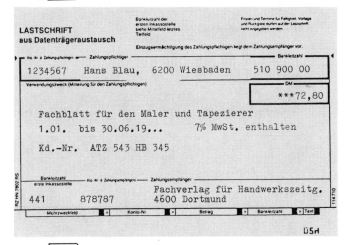

Beleg 104

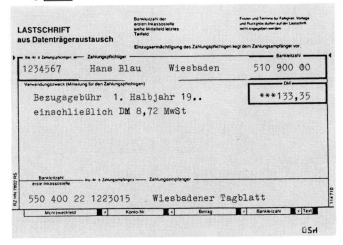

2 Buchungsbelege

Beleg 105

KONTOABSCHLUSS **Wiesbadener Volksbank eG** Postfach Nr. 60 60 · 6200 WIESBADEN I · Telefon 36 70	Bitte prüfen Sie die von uns vorstehend ermittelten Abschlußposten. Etwaige Beanstandungen bitten wir uns innerhalb eines Monats anzuzeigen. Nach diesem Zeitpunkt betrachten wir den Abschluß als anerkannt. Irrtum vorbehalten.

	IIb	Konto-Nr. 1234567
	vom 30.03.19. bis 30.06.19..	

		Zinstermin
10,500 % SOLLZINSEN AUS 5 ZINSZAHLEN	87,15 S	30.06
4,000 % UEBERZ.PROVISION AUS 5 ZINSZAHLEN	12,06 S	30.06
KONTOFUEHRUNGSGEBUEHREN	4,00 S	30.06
GRUNDGEBUEHR	6,00 S	30.06

Name Hans Blau Wiesbaden	Abschlußsaldo 109,21 S	Blatt-Nr. 1

Bitte bewahren Sie vorliegenden Abschluß als Beleg für Ihre Steuererklärung beim Finanzamt auf!

Beleg 106

Anlagevermögen Grundstückskauf	01.07.19..		DM
Grundeigentum lfd.Nr. 7- Flur 143- Flurstück 65/68 Ringstr. 4- 5,15 a -			
Kaufpreis			140.000,00
Grunderwerbssteuer			9.800,00
Notariatskosten		1.400,00	
14% MwSt		196,00	1.596,00
Maklergebühren		7.000,00	
14% MwSt		980,00	7.980,00
Grundbuchkosten			560,00
Die Einzelbeträge wurden am 02.07.19.. mit Bank- überweisungen überwiesen			
			159.936,00

Beleg 107

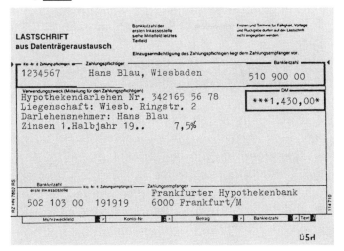

Lastschrift   510 900 00
Wiesbadener Volksbank eG   № 0763131
6200 WIESBADEN 1

Einzugsermächtigung
des Zahlungspflichtigen liegt
dem Zahlungsempfänger vor.

Zahlungspflichtiger   Bankleitzahl

Hans Blau, 6200 Wiesbaden

Konto-Nr. des Zahlungspflichtigen ◄ bei

1234567   Wiesbadener Volksbank

Verwendungszweck (Mitteilung für den Zahlungspflichtigen)   DM

Darlehenstilgung 1. Halbjahr 19..
                         2.500,00

Darlehenszinsen 1. Halbjahr 19..
                         820,00   ***3.320,00***

Konto-Nr. des Zahlungsempfängers — Zahlungsempfänger

999 888 777   Volksbank

Fristen und Termine für Fälligkeit, Vorlage und Rückgabe dürfen auf der Lastschrift nicht angegeben werden.

Mehrzweckfeld   ×   Konto-Nr.   ×   Betrag   ×   Bankleitzahl   × Text

05ᴎ

Bitte dieses Feld nicht beschriften und nicht bestempeln

DG VERLAG 3   441 236

Beleg 108

LASTSCHRIFT
aus Datenträgeraustausch

Bankleitzahl der
ersten Inkassostelle
siehe Mittelfeld letztes
Teilfeld

Fristen und Termine für Fälligkeit, Vorlage
und Rückgabe dürfen auf der Lastschrift
nicht angegeben werden.

Einzugsermächtigung des Zahlungspflichtigen liegt dem Zahlungsempfänger vor.

Kto.-Nr. d Zahlungspflichtigen   Zahlungspflichtiger   Bankleitzahl

1234567   Hans Blau, Wiesbaden   510 900 00

Verwendungszweck (Mitteilung für den Zahlungspflichtigen)   DM

Hypothekendarlehen Nr. 342165 56 78   ***1.430,00*
Liegenschaft: Wiesb. Ringstr. 2
Darlehensnehmer: Hans Blau
Zinsen 1.Halbjahr 19..   7,5%

Bankleitzahl
erste Inkassostelle   Kto.-Nr. d Zahlungsempfängers   Zahlungsempfänger

502 103 00   191919   Frankfurter Hypothekenbank
                         6000 Frankfurt/M

Mehrzweckfeld   ×   Konto-Nr.   ×   Betrag   ×   Bankleitzahl   × Text

RZ HN 7802 RS   114710

Ü5ᴎ

2 Buchungsbelege

Beleg 109

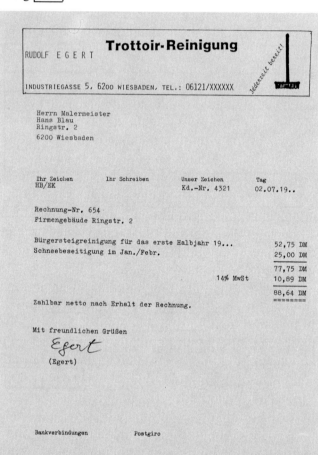

Trottoir-Reinigung

RUDOLF EGERT

INDUSTRIEGASSE 5, 6200 WIESBADEN, TEL.: 06121/XXXXXX

Jederzeit bereit!

Herrn Malermeister
Hans Blau
Ringstr. 2
6200 Wiesbaden

Ihr Zeichen	Ihr Schreiben	Unser Zeichen	Tag
HB/EK		Kd.-Nr. 4321	02.07.19..

Rechnung-Nr. 654
Firmengebäude Ringstr. 2

Bürgersteigreinigung für das erste Halbjahr 19...	52,75 DM
Schneebeseitigung im Jan./Febr.	25,00 DM
	77,75 DM
14% MwSt	10,89 DM
	88,64 DM

Zahlbar netto nach Erhalt der Rechnung.

Mit freundlichen Grüßen

Egert

(Egert)

Bankverbindungen   Postgiro

Beleg 110

Lastschriftzettel Bl.018

Konto **6000 Frankfurt**
Nr. 101010

****88 DM 64 Pf

für Firma R. Egert

Trottoir-Reinigung

62 Wiesbaden

Rechnung
vom 02.07.
Nr. 4321

07.07.
19..

(Für weitere Vermerke des Auftraggebers bitte Rückseite benutzen)

Bitte bei Einsendung an das Postgiroamt jeden Lastschriftzettel hier einzeln nach hinten umschlagen

Das Postgiroamt sendet diesen Abschnitt dem Auftraggeber

Beleg 111

TAEGER

Rudolf A. Taeger - Farben- und Lackfabrik
An der Schmelze 4 - 6200 Wiesbaden   Tel. 06121/XXXXXX

    Herrn Malermeister
    Hans Blau
    Ringstr. 2
    62 Wiesbaden

Ihr Schreiben   Unser Zeichen   Tag Wiesbaden,
                       HK/DB   12.Juli19..

Umsatzbonus

Für den Umsatz im ersten Halbjahr 19.. von 25.000,00 DM
schreiben wir Ihnen einen Bonus von 3% gut:

| | Nettobetrag | 750,00 DM |
| | MwSt 14% | 105,00 DM |

Die Verrechnung erfolgt auf Ihrem   855,00 DM
Kundenkonto.

Mit freundlichen Grüßen

Taeger

(R. Taeger)

Beleg 112

Lacke und Farben

Malereibetrieb

MALERMEISTER
HANS BLAU
RINGSTRASSE 2
6200 WIESBADEN

Telefon 06121/ 302010

Firma
Karl Braun
Am Hang 26
6228 Eltville / Rhein

Wiesbadener Volksbank
BLZ 510 900 00
Konto-Nr. 1234567
Postgiroamt Frankfurt
BLZ 500 100 60
Kto-Nr. 101010

Ihr Zeichen	Ihr Schreiben	Unser Zeichen	Tag
KB/TZ	vom 06.07.19..	HB/EK	14.07.19..

Rechnung-Nr. 1023

Ich beziehe mich auf mein Angebot vom 08.Juli19.. .
Für Ihre Bauschlosserei führten wir folgende Arbeiten aus:

2 Werkstatt-Tore durch Auslaugen aufgeraut,
  Schmieröle und Flecken entfernt, vereinzelte
  Roststellen entrostet und gespachtelt
2 Grundanstriche mit Bleimennigefarbe
2 Deckanstriche mit Lackfarbe   beidseitig je 15m^2

25m Rohrhandläufe, Ø 5cm, reinigen, bleimennigen
  und 2 Deckanstriche
30m Gußrohre, 150mm Ø, reinigen, zwei Anstriche
  mit Absperrmitteln und Schlußanstrich mit
  Lackfarbe

pauschal	DM	1.750,00
14% MwSt	DM	245,00
	DM	1.995,00

Vereinbarungsgemäß lege ich Ihnen einen
gezogenen Wechsel über den Betrag von
DM 1.995,00 zum Akzept vor.

Mit freundlichen Grüßen

H. Blau

Anlage

127

2 Buchungsbelege

Beleg ⊞113⊞

ALLROUND

VERSICHERUNGEN ALLER ART
Generalvertretune: IRENE HORSTMANN
Ludwigsallee 15 - 6200 Wiesbaden
Tel. 06121/XXXXXX

Herrn Malermeister
Hans Blau
Ringstr. 2
6200 Wiesbaden

Datum und Zeichen Ihres Schreibens	Unser Zeichen	Datum
30.06.19.. HB/EK	IH/HS	14.07.19..

Auf Ibr Schreiben vom 30.06.19.. teilen wir Ihnen folgendes mit:

Der von Ihnen gemeldete Versicherungsschaden im Hause Peter
Gubernator, Thurgaustr.5, 6227 Winkel/Rh, in Höhe von 598,33 DM
abzüglich Mehrwertsteuer 73,48 DM = 524,85 DM wurde von userm
Vertrauensmann besichtigt und neu begutachtet.

Unsere Stellungnahme hierzu ist nunmehr folgende:

Die von Ihrem Gesellen verursachten Farbspritzer müssen zumindest
dann als grobe Fahrlässigkeit bezeichnet werden, als ihm bekannt
war, daß schon einzelne Farbspritzer entstanden waren und er es
trotzdem ablehnte, die entsprechenden Schrank- und Teppichteile
abzudecken.

Dieses Verhalten des Gesellen führt zwangsläufig zu einer Minderung
der angegebenen Schadenssumme.

Als langjährigem Mitglied unserer ALLROUND-VERSICHERUNG ersetzen
wir Ihren Schaden aus Kulanzgründen in Höhe von DM 400,00

Ein Verrechnungsscheck über DM 400,00 liegt userm Schreiben bei.

Mit freundlichen Grüßen

J. Horstmann

Anlage

Bankverbindungen   Postgiro

Beleg 114

WALTER KORNFELD

VERSICHERUNGEN ALLER ART - HYPOTHEKEN

AN DER ALTEN OPER 1
6200 WIESBADEN
TEL.: 06121/XXXXXX

Herrn Malermeister
Hans Blau
Ringstr. 2
6200 Wiesbaden

Ihr Zeichen	Ihr Schreiben	Unser Zeichen	Tag
HB/EK	v. 13.03.19..	WK/BU	15.07.19..

Kostenerstattung

Schwerer Einbruch in Ihre Malerwerkstatt

Sehr geehrter Herr Blau,
wir beziehen uns auf Ihr Schreiben vom 13.03.19..
und auf unsere Unterredungen am 14. und 17.03.19..in Ihrer
Werkstatt, ferner auf die eingereichten Rechnungen zur
Schadensregulierung und teilen Ihnen folgendes mit:
Auf unsere Anfrage bei der hiesigen Kriminalpolizei er-
fuhren wir, daß das Verfahren gegen Unbekannt durch das
Amtsgericht eingestellt wurde.
Unsere Einbruchversicherung hat mich angewiesen, Ihnen
den Einbruchschaden in voller Höhe zu ersetzen.

Die endgültige Abrechnung lautet:

Gebäudeschäden:	2.740,00 DM
Einrichtungsschäden:	1.890,00 DM
Schadenssumme o h n e Mehrwertst.	4.630,00 DM

Einen Verrechnungsscheck über DM 4.630,00 der Deutschen Bank lege ich bei.

Mit freundlichen Grüßen

W. Kornfeld

(W. Kornfeld)

Anlage

2 Buchungsbelege

Beleg 115

Bl. 018

Für Postgirokonto Nr.
101010

***950 DM 00 Pf
von

ALLROUND-VER-
SICHERUNG

62 Wiesbaden

betrifft:
Kfz-Schaden
vom 14.03.19..
Vers.-Schein-
Nr. 3241/564
Erstattung

(Rechnungs-Nr. usw., Kontonummer
bei anderen Geldinstituten)

Für den Auslandsverkehr bitte Rückseite beachten!

Das Postgiroamt sendet diesen Abschnitt dem Gutschriftempfänger

Beleg 116

Wiesbaden . . . . . den 14. Juli 19 ..
Ort und Tag der Ausstellung (Monat in Buchstaben)

510
Nr. d. Zahl.-Ortes

Eltville
Zahlungsort

14.10.19
Verfalltag

Gegen diesen **Wechsel** - erste Ausfertigung - zahlen Sie am 14. Oktober 19 ..
Monat in Buchstaben

an mich oder Order

Deutsche
Mark

DM 1.995,00 ***
Betrag in Ziffern

=eintausendneunhundertfünfundneunzig=*******************
Betrag in Buchstaben

Hans Blau
Malermeister
Ringstr. 2
6200 Wiesbaden

Unterschrift und genauer Anschrift des Ausstellers

H. Blau

Bezogener Karl Braun
Am Hang 26

6228 Eltville / Rhein
Ort und Straße (genaue Anschrift)

in Eltville/Rhein
Zahlungsort

Zahlbar in Eltville/Rhein

be- Volksbank Eltville
Name des Kreditinstituts

5656 56
i. l. Konto Nr.

Stempelvermerk auf der Rückseite unmittelbar unter diesem Hinweis aufdrucken!

*Pfennige
sind 00!*

Angenommen
Eltville/Rhein, 16. Juli 19 ..

Karl Braun
Bauschlosserei
Karl Braun
(Karl Braun)

sigle-formular Einheitswechsel Din 5004

130

Beleg 117

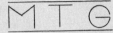

MALER- UND TAPEZIERER-
EINKAUFSGENOSSENSCHAFT EGMH

An der Schmelze 2
6200 Wiesbaden
Tel. 06121/XXXXXX

Herrn Malermeister
Hans Blau
Ringstr. 2
6200 Wiesbaden

Ihr Zeichen	Ihr Schreiben	Unser Zeichen	Tag
HB/EK	8.07.19...	MT/KK	17.07.19..

Rechnung-Nr. 2398

Laut Auftrag vom 08.Juli19..bestellten wir bei der
Tapeten-Großhandelsgesellschaft, 8000 München, für
Sie per Expreß-Lieferung:

12 Rollen Prägetapeten
15 Rollen Seidenglanztapeten
15 Rollen Korktapeten
10 Rollen Velourtapeten
12 Rollen Grastapeten
 8 Rollen Metalltapeten
zum Gesamt-Netto-Preis von ....DM 1.180,00
                                    14% MwSt DM   165,20
Frachtkosten werden gesondert in
Rechnung gestellt.   DM 1.345,20
                                              ==========

Die Lieferung erfolgte ab Bahnhof Wiesbaden
mit unserm PKW.

Mit freundlichen Grüßen

    i.A.

    (Bauer)

Bankverbindungen   Postgiro

2 Buchungsbelege

Beleg 118

Malereibetrieb *Lacke und Farben*

MALERMEISTER
HANS BLAU
RINGSTRASSE 2
6200 WIESBADEN

Herrn
Paul Kurz
Mozartstr. 19
6500 Mainz-Lerchenberg

Tel. 06121/302010
Wiesbad. Volksbank
BLZ 510 900 00
Kt.Nr. 1234567
Postgiro Frankfurt/M
BLZ 500 100 60
Kt.-Nr. 101010

Ihr Schreiben	Unser Zeichen	Tag
	HB/EK	14.07.19..

III. und letzte Mahnung

Trotz zweimaliger Mahnung steht auf Ihrem Konto der Betrag von

            DM 4.780,00

leider immer noch ohne Ausgleich.
Bevor ich, nur sehr ungern, gerichtliche Schritte (Mahnbescheid
und Zwangsvollstreckung) gegen Sie einleiten muß, sollten Sie
bedenken, daß dann weitere hohe Kosten für Sie entstehen werden.
Soll es wirklich soweit kommen?
Ich erwarte Ihre Zahlung bestimmt bis zum 22.Juli 19...

Hochachtungsvoll

Ĥ Blau

GUTSCHRIFT (Zahlschein) durch

(Annahmevermerk)

Eingang:
20.07.19..

Empfänger (Name und Ort)
Malermeister Hans Blau
Ringstr. 2   62 Wiesbaden
Konto-Nr. des Empfängers   beim Postgiroamt usw.

Bankleitzahl
500 100 60

101010   Frankfurt / M
Verwendungszweck (nur für Empfänger)
Rechnung-Nr. 1415 vom 12.Okt.19..

DM

**4.780,00*

Name und Anschrift des Einzahlers
Paul Kurz Mozartstr. 19 , Mainz-Lerchenberg

Beleg 119

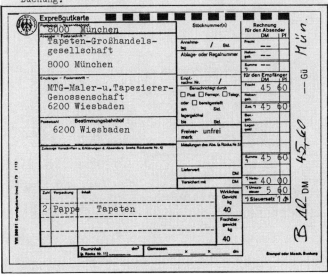

M T G   An der Schmelze 2   6200 Wiesbaden
                              20.Juli 19..

Herrn Malermeister
Hans Blau
Ringstr. 2
6200 Wiesbaden

Ihre Bestellung vom 08.07.19..

Wir haben heute Ihr Konto mit DM 45,60 für Expreß-
gutkosten belastet und bitten um gleichlautende
Buchung.

Expreßgutkarte

Postleitzahl – Versandbahnhof							
8000 München							
Absender – Postanschrift –			Stücknummer(n)		Rechnung für den Absender DM / Pf		
Tapeten-Großhandels-gesellschaft 8000 München			Annahme-tag / Std.		Fracht — —		
			Ablage- oder Regalnummer		Neben-geb. — —		
					Summe ?) — —		
Empfänger – Postanschrift –			Empf.-nachw. Nr. /		für den Empfänger DM / Pf		
MTG-Maler-u.Tapezierer-Genossenschaft 6200 Wiesbaden			Benachrichtigt durch ☐ Post ☐ Fernspr. ☐ Telegr. oder ☐ bereitgestellt am Std. lagergeldfrei bis Std.		Fracht 45 60		
					Neben-geb.		
					Zus. ?) 45 60		
Postleitzahl Bestimmungsbahnhof					Ban-geb.		
6200 Wiesbaden					Lager-geld		
Zulässige Vorschriften u. Erklärungen d. Absenders (siehe Rückseite Nr. 4)			Freiver-merk unfrei				
			Mitteilungen des Abs. (s Rücks. Nr. 5)				
					Summe ?) 45 60		
			Lieferwert DM		?) Netto-wert 40 00		
			Versichert mit DM		?) Umsatz-steuer 5 60		
Zahl	Verpackung	Inhalt		Wirkliches Gewicht kg	?) Steuersatz 1 ⚠		
2	Pappe	Tapeten		40			
				Frachtber. gewicht kg 40			
Rauminhalt dm² (s. Rücks. Nr. 11)		Gemessen × × dm			Stempel oder Masch. Buchung		

Beleg 120

Malereibetrieb *Lacke und Farben*

MALERMEISTER
HANS BLAU
RINGSTRASSE 2
6200 WIESBADEN

Telefon 06121/ 302010

Herrn
Josef Steuermann
Rieslingweg 9
6234 Hattenheim

Wiesbadener Volksbank
BLZ 510 900 00
Konto-Nr. 1234567
Postgiroamt Frankfurt
BLZ 500 100 60
Kto-Nr. 101010

Ihr Auftrag v.9.07. HB/EK 23.07.19..

Rechnung-Nr. 423

In Ihrer Wohnung wurden von uns folgende Arbeiten ausgeführt:

	qm	DM/1qm	DM
1. Decken und Wandflächen Tapeten entfernen, kleine Schäden ausbessern und teilweise isolieren. Insgesamt 8 Zimmer, Treppen und Eingangsflur nach Aufmaß	322,67	8,35	2.694,29
2. Außenwände in Wohn- und Schlafzimmer mit Gipskarton abdecken und verspachteln	25	68,70	1.717,50
3. Wandflächen vorbehandeln und mit Rauhfasertapeten tapezieren	107,68	9,35	1.006,80
4. Wandflächen mit Rustikalputz ausführen	31,80	24,20	769,56
5. Decken und Wandflächen mit getönten Dispersionsfarben streichen.	230,00	9,80	2.254,00
			8.442,15
Mit freundlichen Grüßen	14% MwSt		1.181,90
			9.624,05

Bei Zahlung innerhalb von 7 Tagen
wurden 2% Skonto vereinbart

Beleg 121

Durchschrift	51090000
	Wiesbadener Volksbank eG
	6200 WIESBADEN 1

Empfänger (genaue Anschrift)
Maler- und Tapezierer-Eink.
6200 Wiesbaden

Bankleitzahl
510 500 15

Konto-Nr. des Empfängers — bei (Kreditinstitut)
676767   NASPA, Wiesbaden

Verwendungszweck (nur für Empfänger)
Rechngs.-Nr. 2398 vom 17.07.19..
Rechnungsbetrag: 1.345,20 DM
Frachtkosten: 45,60 DM

DM
1.390,80

Konto-Nr. des Auftraggebers — Auftraggeber
1234567   Hans Blau
            6200 Wiesbaden

26.07.19..   *H. Blau*
Datum   Unterschrift

2 Buchungsbelege

Beleg 122

Wechsel-Nr.	Verfall	Zahlungsort		Bezogener
4321	14.10.19.	Eltville		Karl Braun Eltville/Rhein

Tag des Eingangs		Herrn Firma Hans Blau 6200 Wiesbaden	Konto Nr.
27.07.19..			1234567

Ausstellungstag	Ausst.-Ort	Aussteller	Giranten
14.07.19..	Wbn	Hans Blau	

Zahlbar bei Volksbank Eltville/Rhein

Wir schrieben Ihnen diesen Wechsel lt. nachstehender Abrechnung gut

```
                                          DM  1.995,00
4,8% Diskont für      DM  20,48
  .../... Tage
                      DM
   ___                                          Volksbank
 x   Wechselsteuer    DM  3,00                  Wiesbaden

   ___ Barauslagen    DM  _____ ./. DM 30,88
 x___  Spesen         DM  7,40
   ___                _____

                                 DM 1.964,12  Wert 28.07.19..
```

Buchungsvermerk:

Auf eine Steuerkorrektur wurde verzichtet

i. BC.

Beleg 123

Lacke und Farben

Malereibetrieb

MALERMEISTER
HANS BLAU
RINGSTRASSE 2
6200 WIESBADEN

Herrn Schlossermeister
Karl Braun
Am Hang 26
6228 Eltville

Ihr Schreiben	Unser Zeichen	Tag
	HB/EK	29.07.19..

Rechnung-Nr. 1456

Sehr geehrter Herr Braun,
für die Akzeptierung meines Wechsels über DM 1.995,00
danke ich Ihnen.
Bei der Diskontierung Ihres Wechsels berechnete mir meine
Bank:

	20,48 DM für Diskont
	3,00 DM für Wechselsteuer
	7,40 DM für Spesen
	30,88 DM
14% MwSt	4,32 DM
	35,20 DM
	==========

Ich bitte um baldigen Ausgleich.

Mit freundlichen Grüßen

S. Blau

2 Buchungsbelege

Beleg 124

Lohn-Liste vom 30. Juli ...... 19......

Seite 3. ......

Zahl-tag	Tage	Steuer-pflicht. Verdienst	Lohn-steuer	Kirchen-steuer	Renten-versi-cherung	Arbeits-losenver-sicherung	Kranken-kasse	Sozialab-gaben insges.	Gesamt-Abzüge	Aus-zahlung
1.Aug.19..	23	16.800,00	3.360,00	302,40	1.612,80	344,40	1.008,00	2.965,20	6.627,60	10.172,40

Lohn- und Gehaltszahlungen erfolgen durch Banküberweisung

Arbeitgeber-Anteil zur Sozialversicherung wird zunächst als Schuld gebucht

Arbeitgeberanteile Sozialabgaben	
Monat	DM
Juli	2.965,20

August

Beleg $\boxed{125}$

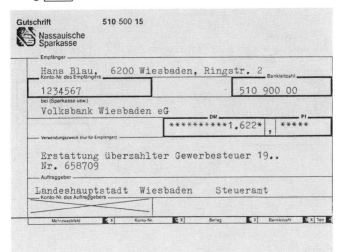

Gutschrift 510 500 15

Nassauische Sparkasse

Empfänger
Hans Blau, 6200 Wiesbaden, Ringstr. 2
Konto-Nr. des Empfängers

| 1234567 | · | Bankleitzahl 510 900 00 |

bei (Sparkasse usw.)
Volksbank Wiesbaden eG

DM **********1.622*, Pf *****

Verwendungszweck (nur für Empfänger)

Erstattung überzahlter Gewerbesteuer 19..
Nr. 658709

Auftraggeber
Landeshauptstadt Wiesbaden Steueramt
Konto-Nr. des Auftraggebers

Mehrzweckfeld | X | Konto-Nr. | X | Betrag | X | Bankleitzahl | X | Text

Bitte dieses Feld nicht beschriften und nicht bestempeln

Beleg $\boxed{126}$

Durchschrift **Wiesbadener Volksbank eG** 51090000
6200 WIESBADEN 1

Empfänger (genaue Anschrift)
Finanzkasse I 6200 Wiesbaden

Bankleitzahl
510 900 00

Konto-Nr. des Empfängers 1000000 | bei (Kreditinstitut) Wiesbadener Volksbank

Verwendungszweck (nur für Empfänger)

| Lohnsteuer für Juli 19.. | 3.360,00 | DM |
| Kirchensteuer | 302,40 | **3.662,40** |

Konto-Nr. des Auftraggebers 1234567 | Auftraggeber Hans Blau, Malermeister
6200 Wiesbaden Steuer-Nr. 43526/234

08.08.19..
Datum

H. Blau
Unterschrift

2 Buchungsbelege

Beleg 127

Durchschrift	51090000 **Wiesbadener Volksbank eG** 6200 WIESBADEN 1	

Empfänger (genaue Anschrift)	Bankleitzahl
Innungskrankenkasse, 6200 Wiesbaden	510 900 00

Konto-Nr. des Empfängers	bei (Kreditinstitut)
12131415	Wiesbadener Volksbank

Verwendungszweck (nur für Empfänger)

Soz.-Versicherungsabgaben für Juli 19..   DM
Nr. 100/100/200/3   ***5.930,40***

Konto-Nr. des Auftraggebers	Auftraggeber
1234567	Hans Blau, Malermeister, 6200 Wiesbaden

08.08.19..   _H. Blau_
Datum   Unterschrift

Beleg 128

Zahlschein   (Konto-Nr. 4576   )

(Diesen Abschnitt erhält der Empfänger)

5 10 ◄ (Raum für die Kennnummer der 1. Girostelle)

Zur Überweisung an Nebengenannten auf dessen Spargirokonto	D-Mark	Dpf.
	** 35	20**

Kto.-Nr. 1234567 bei der Volksbank Wiesb.

Verwendungszweck:

Rechnung vom 29.07.19..

Absender: Karl Braun
          Bauschlosserei
          Am Hang 26
          6228 Eltville

(Name, Wohnort, Straße, Hausnummer)

Inhaber von Spargirokonten

verwenden diesen Vordruck als Überweisungsauftrag; andere können damit bei Sparkassen, Girokassen und Girozentralen (Provinzial- und Landesbanken) einzahlen.

Firma

Hans Blau

Malermeister

6200 Wiesbaden

Ringstr. 2
Straße Nr.

Straße und Hausnummer nicht vergessen

Beleg 129

Stephan und Ute Kluge
   Rechtsanwälte

Irenenallee 2 - 6200 Wiesbaden
Tel. 06121/XXXXXX

Herrn Malermeister
Hans Blau
Ringstr. 2
6200 Wiesbaden

10.08.19..

Blau ./. Euro Hotel GmbH

Sehr geehrter Herr Blau,
erfreulicherweise kann ich Ihnen mitteilen, daß in
obiger Angelegenheit die Zwangsvollstreckung auf-
grund des Urteils des AG Wiesbaden vom 30.06.19..
Erfolg hatte.

Ich erteile daher Schlußabrechnung wie folgt:

Hauptforderung	DM	1.257,30
9% Zinsen seit dem 25.07.19..	DM	99,01
Vorgerichtliche Kosten	DM	20,00
Ihr geleisteter Kostenvorschuß	DM	150,00
	DM	1.526,31

Anbei überreiche ich einen Verrechnungsscheck in Höhe
des Endbetrages.
Für die Übertragung des Mandats danke ich nochmals und
verbleibe mit freundlichen Grüßen

Kluge

   gez. RA Kluge

Anlage
Verrechnungsscheck ‹Nassauische Sparkasse Wiesbaden›

2 Buchungsbelege

Beleg 130

```
            S T E U E R B E R A T U N G
               GERD E. WEHRMANN
               THEATERSTRASSE 54
               6200 WIESBADEN    TEL.: 06121/XXXXXX
```

Herrn
Hans Blau
Ringstr. 2
6200 Wiesbaden

Gebührenrechnung-Nr. 2829
Mandanten-Nr. 12345
Rechnungsdatum   12.Aug.19..

Nach der StBGebV ergeben sich folgende Gebühren:

Für folgende in Ihrem Auftrag durchgeführte Leistungen
erlauben wir uns zu berechnen:

Ausfertigung der Einkommensteuererklärung 19..	212,60
Einkünfte aus Kapitalvermögen	30,00
Einkünfte aus selbständiger Arbeit	83,80
Ermittlung des Nutzungswertes Ihres Wohnhauses	52,80
	379,20
14% Umsatzst.	53,09
	432,29

Zahlbar nach Erhalt ohne jeden Abzug

Betrag von DM vierhundertzweiunddreißig 29/100 bar erhalten.

(Wehrmann)
Steuerberater

Bankverbindungen   Postgiro

Beleg 131

Lacke und Farben

Malereibetrieb

MALERMEISTER
HANS BLAU
RINGSTRASSE 2
6200 WIESBADEN

Telefon 06121/ 302010

Herrn
Peter Clodwig
Rankenweg 15
6204 Taunusstein

Wiesbadener Volksbank
BLZ 510 900 00
Konto-Nr. 1234567
Postgiroamt Frankfurt
BLZ 500 100 60
Kto-Nr. 101010

Ihr Zeichen	Ihr Schreiben	Unser Zeichen	Tag
		HB/EK	14.08.19..

Rechnung-Nr. 526

Abschnitt 404, Riegel 7, Haus Nr. 12

	DM
1) Feuchte Putzflächen in Ihren Keller- räumen abgeschlagen, zwei Lagen neu verputzt und gestrichen. Vereinbarter Festpreis	3.500,00
2) Hausfassade eingerüstet, Vorarbeiten, Anstricharbeiten	3.780,00
3) Sockelflächen Putz entfernt, vorbe- handelt und beigeputzt	1.600,00
4) Gartenzaun vorgestrichen und End- anstrich	1.200,00
5) Innenräume wie vereinbart tapeziert	5.300,00
6) Schuttkübel gestellt, gefüllt und ab- transportiert	1.041,70
	16.421,70
14% MwSt	2.299,04
	18.720,74

Mit freundlichen Grüßen

H. Blau

2 Buchungsbelege

Beleg 132

MANFRED WALTER
GLAS- UND BAUREINIGUNG
Kehrweg 12 - 6200 Wiesbaden
Tel. 06121/XXXXXX

Herrn Malermeister
Hans Blau
Ringstr. 2

6200 Wiesbaden

Ihr Schreiben	Unser Zeichen	Tag
	MW/PL	15.08.19..

Sehr geehrter Herr Blau,
wir danken Ihnen für die Vermittlung des Auftrages:
  < Reinigung der Fassade des Geschäftsgebäudes
    Schillerstr. 9, Wiesbaden, sowie
    monatliche Fensterreinigung am ganzen Gebäude >

Mit beiliegendem Verrechnungsscheck über   DM 100,00
                         + 14%   DM 14,00
                              DM 114,00
                              =========

übersenden wir die vereinbarte Vermittlungs-
gebühr.

Mit freundlichen Grüßen

M. Walter

Bankleitzahl 510 500 15

zur Verrechnung   **Nassauische Sparkasse**

Zahlen Sie gegen diesen Scheck aus meinem/unserem Guthaben   DM

einhundertvierzehn-------------   ++++114,00++

Deutsche Mark in Buchstaben

                       Pf ev. tw nachtraenkoml

an   oder Überbringer

Wiesbaden, den 15.08.19..   *M. Walter*

Ausstellungsort, Datum   Unterschrift des Ausstellers

Verwendungszweck
(Mitteilung für den Zahlungsempfänger)

Der vorgedruckte Scheckvordruck darf nicht geändert oder gestrichen werden. Die Angabe einer Zahlungsfrist auf dem Scheck gilt als nicht geschrieben.

Scheck Nr.		Konto Nr.		Betrag		Bankleitzahl		Text

Beleg 133

```
E M I L    H O L Z W U R M
SCHÄDLINGSBEKÄMPFUNGEN - DESINFEKTION
Mannheimer Straße 20
6200 Wiesbaden
Tel. 06121/XXXXXX
```

```
Herrn Malermeister
Hans Blau
Ringstr. 2
6200 Wiesbaden
```

Ihr Zeichen	Ihr Schreiben	Unser Zeichen	Tag
HB/EK	10.08.19..	EH/BU	22.08.19..

Rechnung-Nr. 2534

	DM/Einh.	DM
In Ihrem Auftrage führten wir als Nach-unternehmer an der Baustelle 'Neue Siedlung' in Wiesbaden-Breckenheim folgende Arbeiten aus:		
Dachstuhlholzwerk an 4 Eigenheimen mit 'Wiesbanol-Holzwurmkiller' vor- und nachbehandelt	340,00	1.360,00
Fensterholzwerk an 5 Eigenheimen mit 'Wiesbanol Schwärzesperrgrund' als holzschützende Grundierung vorbehandelt	190,00	950,00
Holzwerk in 6 Eigenheimen mit 'Wiesbanol Feuchtraumholzschutz' behandelt: Vorbeugend gegen Bläuepilze, Schwamm, Fäulnis und Holzwurm	235,00	1.410,00
		3.720,00
14% MwSt		520,80
		4.240,80

Mit freundlichen Grüßen

(Holzwurm)

Beleg 134

Elektro-Großhandel

WOLFGANG NEUMAIER KG TEL.: 06121/XXXX

KAISERSTRASSE 48

6200 WIESBADEN

Herrn Hans Blau
Malermeister
Ringstr. 2

6200 Wiesbaden

Ihr Zeichen	Ihr Schreiben	Unser Zeichen	Tag
Ihr Auftrag vom 10.08.19..		WN/LR	23.08.19..

Rechnung - Nr. 2121

Unser Verkaufs-Elektromechaniker führte für Sie
folgende Elektro-Installationsarbeiten aus:
Ort: Ringstr. 2, 62 Wbn, Werkstatt-Erweiterung,
Wasch-Toilettenanlage.
Arbeiten: Verlegung von Naßraumleitungen mit
Außenschalter, Kabel NYM-J 3 mal 1,5
Schutzkontakt-Steckdose 10A, 250 V, UP-Ausführung
2 Deckenleuchten
1 Spiegelleuchte

	Pauschalpreis:	DM	310.00
	14% MwSt	DM	43,40
		DM	353,40

Mit freundlichen Grüßen

ppa. _Tamoda_
(Tamoda)

Bankverbindungen   Postgiro

Beleg 135

BAUAUSFÜHRUNG - BAUSTOFFHANDEL
CHRISTIAN UMSTADT GMBH
FULDAER STRASSE 116-118
6200 WIESBADEN   · TEL.: 06121/XXXXXX

Herrn Malermeister
Hans Blau
Ringstr. 2
6200 Wiesbaden

Ihr Zeichen	Ihr Schreiben	Unser Zeichen	Tag
HB/EK		UM/MU	25.08.19..

Rechnung-Nr. 1717
Bauausführung Ringstr. 2, 6200 Wiesbaden
Änderung und Erweiterung Ihrer Werkstatt-Sanitäranlagen
Für die Einstellung eines weiblichen Auszubildenden
führten wir einen Erweiterungsbau an der Rückwand (Naß-
wand) der betrieblichen Wasch- und Toilettenanlage aus.
Wir lieferten und installierten:
a) Duschkabine   b) Waschbecken
c) Toilette   d) Umkleide-Einbauschrank
e) Wanddurchbruch   f) Einbau von 2 Türen
g) erforderliche Warm-Kalt-Wasserzuläufe
h) Anschlüsse an die Kanalisation
i) Verlegung von Wand- und Bodenfliesen

Wir verweisen auf unser detailliertes Angebot und
berechnen pauschal   12.360,00 DM
                              14% MwSt   1.730,40 DM

                              Gesamtpreis   14.090,40 DM
                                                    ============

Mit freundlichen Grüßen
Chr. Umstadt

Bankverbindungen   Postgiro

2 Buchungsbelege

Beleg 136

Beleg 137

Gutschrift
Wiesbadener Volksbank eG
6200 WIESBADEN 1
510 90 00 0

Empfänger (genaue Anschrift)
Hans Blau, Malermeister
6200 Wiesbaden

Bankleitzahl
510 900 00

Konto-Nr. des Empfängers — bei (Kreditinstitut)
1234567   Wiesbadener Volksbank

Verwendungszweck (nur für Empfänger)
Teilbetrag auf Ihre Rechnung Nr. 526
vom 14. Aug. 19..

DM
8.720,74

Konto-Nr. des Auftraggebers — Auftraggeber
437900   Peter Clodwig
6204 Taunusstein

| Mehrzweckfeld | × | Konto-Nr. | × | Betrag | × | Bankleitzahl | × | Text | × |

51H

Bitte dieses Feld nicht beschriften und nicht bestempeln

Beleg 138

Kontoauszug	Konto-Nr. 1234567	Saldo vom 27.08.19..	Soll	Alter Kontostand 2.260,64	Haben
Zahlungsempfänger/-pflichtiger/Verwendungszweck/Scheck-Nr.	Buch.-Tag	PN-Nr./Rückkoppen	Wert	Lastschrift	Gutschrift

EC-Automat 5208230 098 Karte 1   15.08.19..
St. Blasien -Urlaubsland Schwarzwald-
incl. 1,50 DM Fremdgebühr

Lastschrift: 401,50

| | | Absz.-Nr. | Blatt-Nr. 1 | Soll | Neuer Kontostand 1.859,14 | Haben |

Herrn/Frau/Fräulein/Firma

Hans Blau
Ringstr. 2
6200 Wiesbaden

Wiesbadener Volksbank eG

6200 Wiesbaden · Friedrichstraße 20 · Postfach 6060
Tel. (06121) 3670 · Telefax 372769 · Teletex 06121916
Ps.-Kto. Ffm. 250-606 · BLZ 51090000

SICHERER URLAUB DURCH EC'KARTEN

Auszugsdatum 28.08.19..

Auszug bitte prüfen!

Beleg 139

Bl.018

Für Postgirokonto Nr.
101010

**120, DM 00 Pf

von

Kreishand-
werkerschaft

62 Wiesbaden
Hans Blau

betrifft: _____
Aufwandsent-
schädigung
anl. Gesellen-
prüfung Maler
August 19..

(Rechnungs-Nr. usw., Kontonummer
bei anderen Geldinstituten)

Für den Auslandsverkehr bitte Rückseite beachten!

Das Postgiroamt sendet diesen Abschnitt dem Gutschriftempfänger

2 Buchungsbelege

Beleg 140

Durchschrift
51090000
Wiesbadener Volksbank eG
6200 WIESBADEN 1

Empfänger (genaue Anschrift)
Bauausführg. Chr. Umstadt GmbH
Fuldaer Str. 116-118 6200 Wiesbaden

Bankleitzahl
510 400 38

Konto-Nr. des Empfängers
2003004

bei (Kreditinstitut)
Commerzbank Wiesbaden

Verwendungszweck (nur für Empfänger)
Rechnung Nr. 1717 vom 25.08.19..
abzüglich Skonto

DM
13.667,69

Konto-Nr. des Auftraggebers — Auftraggeber
1234567   Hans Blau 6200 Wiesbaden

30.08.19..
Datum

H. Blau
Unterschrift

Beleg 141

Lastschriftzettel Bl.018

Konto **6000 Frankfurt**
Nr. 101010

***4.113 DM 58 Pf

für Firma

E. Holzwurm

Mannheimer Str.2

62 Wiesbaden

Rechnung v.
22. Aug. 19.
abzgl. 3%
= 127,22 DM

30.08.
19..

(Für weitere Vermerke des Auftrag-
gebers bitte Rückseite benutzen)

Bitte bei Einsendung an das Postgiroamt jeden Lastschriftzettel hier einzeln nach hinten umschlagen

Das Postgiroamt sendet diesen Abschnitt dem Auftraggeber

Beleg ⌈142⌋

Autohaus SCHNEIDER & CO
AM BRUCH 38
6200 WIESBADEN
TEL.: 06121/XXXXXX

Herrn Malermeister
Hans Blau
Ringstr. 2
6200 Wiesbaden

Ihr Schreiben	Unser Zeichen	Tag
Anruf vom 17.08.19..		30.08.19..

Rechnung Nr. 3241

Heute erhalten Sie den Großraumkastenwagen
mit großer Flügeltür hinten und Schiebetür
rechts, 2,5-l-Turbodiesel mit Direktein-

spritzung. 68 kW bei 3800/min zum Preise von	DM	29.500,00
14% MwSt	DM	4.130,00
	DM	33.630,00

Ihren alten Kleinlaster nehme ich mt
DM 2400,00 in Zahlung:	DM	33.630,00
./.	DM	2.400,00
	DM	31.230,00

Betrag dankend durch Verrechnungsscheck (Wiesb. Volksbank)
erhalten.

Schneider

September

Beleg 143

Bankkonto - Vermerk	01.09.19..	DM
Anläßlich meines 25jährigen Geschäftsjubiläums erhielten lohnsteuerfrei:		
4 Gesellen je 1.200,00		4.800,00
2 Auszubildende je 800,00		1.600,00
meine Frau (Ehegattenarbeits- vertrag)		1.200,00
		7.600,00

Beleg 144

Anlagevermögen   LKW

Vermerk zum Kauf des Großraumwagens:
Der alte Kleinlaster wurde mit 2.400,00 DM minus enthaltener Mehrwertsteuer von 294,74 DM   =   2.105,26 DM in Zahlung gegeben.
Der Anschaffungswert des Kleinlasters betrug 26.000,00 DM.
Der Restbuchwert betrug nach drei Jahren zum 31.12.19..
bei 25% linearer AfA:
26.000,00 minus (3 mal 6.500,00) = 6.500.
Der Restbuchwert betrug also am 1.01.des lfd. Jahres
6.500,00 DM.
Für das lfd. Jahr buchen wir wegen der besseren Übersicht jetzt 8 Monate AfA ab: 8/12 von 6.500,00 = 4.333,33 DM.
Restwert am 1.09.19.. = 2.166,67 DM.
2.166,67 minus 2.105,26 = 61,41.
Bei der Inzahlungnahme entsteht also ein Verlust von
DM 61,41.
Gegenbuchung auf Fahrzeuge H :   4.333,33 plus 61,41 =
                                   4.394,74 DM
                                   ===========

1. 09. 19..

153

2 Buchungsbelege

Beleg 145

Lacke und Farben

Malereibetrieb

MALERMEISTER
HANS BLAU
RINGSTRASSE 2
6200 WIESBADEN

Telefon 06121/ 302010

Herrn
Peter Clodwig
Rankenweg 15

6204 Taunusstein

Wiesbadener Volksbank
BLZ 510 900 00
Konto-Nr. 1234567
Postgiroamt Frankfurt
BLZ 500 100 60
Kto-Nr. 101010

| Ihr Zeichen | Ihr Schreiben | Unser Zeichen HB/EK | Tag Wiesbaden, 30.Aug.19.. |

Sehr geehrter Herr Clodwig,
ich beziehe mich auf unser heutiges Ferngespräch.
Den Restbetrag aus meiner Rechnung Nr. 526 vom 14.Aug.19..
wandele ich hiermit in eine Darlehensschuld um.

	Rechnungsbetrag	DM 18.720,74
abzüglich Ihre Überweisung vom 25.Aug.19..		DM 8.720,74
	Restbetrag	DM 10.000,00

H. Blau

         S C H U L D S C H E I N
         ========================

Ich, der Unterzeichnete, Peter Clodwig, erkenne hiermit an,
daß meine Rechnungsschuld in ein Darlehen in Höhe von DM 10.000,00
(mit Worten: zehntausend Deutsche Mark) umgewandelt wurde.
Ich verpflichte mich, dieses Darlehen ab heute mit 7 Prozent
zu verzinsen und spätestens am 30.August19.. an Herrn H. Blau
zurückzuzahlen.
6204 Taunusstein, den 02.September 19..

Peter CClodwig

(Peter Clodwig)

Beleg 146

Durchschrift

Wiesbadener Volksbank eG
51090000
6200 WIESBADEN 1

Empfänger (genaue Anschrift)

Taunus-Schule 6209 Hohenstein/U.Taunus

Bankleitzahl
640 513 10

Konto-Nr. des Empfängers

232425

bei (Kreditinstitut)
Kreissparkasse

Verwendungszweck (nur für Empfänger)

Schulgeld für meinen Sohn Daniel
September 19..

DM
280,00

Konto-Nr. des Auftraggebers
1234567

Auftraggeber
Hans Blau
Ringstr. 2, 6200 Wiesbaden

02.09.19..
Datum

H. Blau
Unterschrift

Beleg 147

Lastschriftzettel Bl. 018

Konto **6000 Frankfurt**
Nr. 101010

*****840 DM 00 Pf

für Finanzamt

Wiesbaden II

62 Wiesbaden

WI-EN 99
Kfz-Steuer
01.09.19..
bis
31.08.19..

02.09.
19..

(Für weitere Vermerke des Auftraggebers bitte Rückseite benutzen)

Bitte bei Einsendung an das Postgiroamt jeden Lastschriftzettel hier einzeln nach hinten umschlagen

Das Postgiroamt sendet diesen Abschnitt dem Auftraggeber

2 Buchungsbelege

Beleg 148

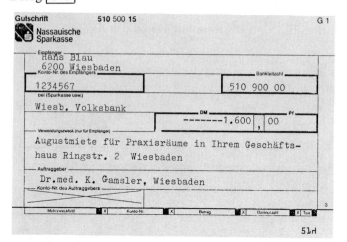

Gutschrift   510 500 15   G 1

Nassauische Sparkasse

Empfänger
Hans Blau
6200 Wiesbaden
Konto-Nr. des Empfängers

1234567		Bankleitzahl
		510 900 00

bei (Sparkasse usw.)

Wiesb. Volksbank

DM   ------1.600 , 00   Pf

Verwendungszweck (nur für Empfänger)

Augustmiete für Praxisräume in Ihrem Geschäfts-
haus Ringstr. 2 Wiesbaden

Auftraggeber

Dr.med. K. Gamsler, Wiesbaden

Konto-Nr. des Auftraggebers

| Mehrzweckfeld | X | Konto-Nr. | X | Betrag | X | Bankleitzahl | X | Text |

51H

Beleg 149

Bl.018

Für Postgirokonto Nr.
101010

*9.431 DM 57 Pf
von

J. Steuermann
Rieslingweg 9
62 Hattenheim

62 Wiesbaden

betrifft:
Rchng. 423
vom 23.07.19..
9.624,05 DM
abzgl. 2%
= 192,48

(Rechnungs-Nr. usw., Kontonummer
bei anderen Geldinstituten)

Für den Auslandsverkehr bitte Rückseite beachten!

Das Postgiroamt sendet diesen Abschnitt dem Gutschriftempfänger

---

Beleg 150

Lastschriftzettel Bl.018

Konto **6000 Frankfurt**
Nr.   101010

****2.400 DM 00 Pf

für Finanzkasse

Wiesbaden II

6200 Wiesbaden

St. Nr.
2003 004 5
Einkommen-
steuervor-
auszahlung

(Für weitere Vermerke des Auftraggebers bitte Rückseite benutzen)

10.09.
19..

Bitte bei Einzahlung an das Postgiroamt jeden Lastschriftzettel hier abziehn nach hinten umschlagen

Das Postgiroamt sendet diesen Abschnitt dem Auftraggeber

Beleg 151

TAEGER

Rudolf A. Taeger - Farben- und Lackfabrik
An der Schmelze 4 - 6200 Wiesbaden   Tel. 06121/XXXXXX

Herrn Malermeister
Hans Blau
Ringstr. 2
6200 Wiesbaden

Datum und Zeichen Ihres Schreibens	Unser Zeichen	Datum
2.09.1900 HB/EK	RT/US	12.09.19..

Rechnung-Nr. 23541

Entsprechend unserem Sonderangebot vom 5.09.19..
lieferten wir Ihnen:

Gruppe A Maschinen: 1 Mischautomat für Lacke
                    und Dispersionen   DM   720,00

Gruppe B Fa. u. La.: 50 kg WI- Elastik für
                     Fassaden
                     30 kg Reinacrylat Wiesboral
                     10 kg Aquastop WBN
                     50 kg WBN-Edelputz
                     10 kg WBN-Feuerschutz-Anstrich
                              Pauschalpreis DM 980,00
                                            _____

                                            DM 1.700,00
                              14% MwSt.   DM   238,00
                                            _____
                                            DM 1.938,00
                                            ============

Die Ware bleibt bis zur vollständigen Bezahlung
unser Eigentum.

Mit freundlichen Grüßen

R. Taeger

Bankverbindungen   Postgiro

Beleg 152

UNIDRESS

Berufskleidung aller Art
E R N S T   M O H N   KG
Nassauer Ring 12 - 6200 Wiesbaden
Tel. 06121/XXXXXX

Herrn Malermeister
Hans Blau
Ringstr. 2
6200 Wiesbaden

Ihr Zeichen	Ihr Schreiben	Unser Zeichen	Tag
HB/EK	02.09.19..	EM/KL	12.09.19.

Wir lieferten Ihnen heute:

3 Anzüge Malerberufskleidung in den
Größen 52, 54 und 58 mit den Streifen
BLAU-GELB-ROT und dem 'Drei-Schilde-
Emblem'(nur für Innungsmitglieder).
Zusätzlich wurde auf der linken Seite in
Achselhöhe Ihr Firmenemblem
     "Maler Blau"
aufgebracht.

Einzelpreis für alle Größen 85,40 DM	256,20 DM
14% MwSt	35,87 DM
	292,07 DM

Mit freundlichen Grüßen

Mohn

Zahlungsziel 30 Tage.
Bei Zahlung innerhalb 10 Tage 3% Skonto.

Bankverbindungen   Postgiro

September

Beleg 153

TAEGER

Rudolf A. Taeger - Farben- und Lackfabrik
An der Schmelze 4 - 6200 Wiesbaden   Tel. 06121/XXXXXX

Herrn Malermeister
Hans Blau
Ringstr. 2
6200 Wiesbaden

Ihr Schreiben	Unser Zeichen	Tag Wiesbaden,
Ihr Anruf am 12.09.19...	RT/US	14.09.19..

Gutschrift

Für die Rücksendung von 10 kg Aquastop, die wir irrtümlich
unserer Lieferung am 14.09.19.. beigepackt hatten, und für
die Sie keine Verwendung haben, schreiben wir Ihnen
<u>DM 142,50</u> incl. 14% Mehrwertsteuer gut.

Mit freundlichen Grüßen

Taeger

(R. Taeger)

Bankverbindungen   Postgiro

2 Buchungsbelege

Beleg 154

Beleg 155

Beleg 156

Beleg ⟨157⟩

Elektro-Großhandel

WOLFGANG NEUMAIER KG TEL.: 06121/XXXX

KAISERSTRASSE 48

6200 WIESBADEN

Herrn Malermeister
Hans Blau
Ringstr. 2
6200 Wiesbaden

Ihr Zeichen	Ihr Schreiben	Unser Zeichen	Tag
HB/EK	vom 20.09.19	WN/BK	25.09.19..

Rechnung-Nr. 43432

Wir lieferten zu unsern Lieferbedingungen:

2 ausdruckende Tischrechner

Listenpreis je Einheit	DM 230,00	gesamt 460,00 DM
abzgl. 10% Rabatt		46,00 DM
	Nettopreis	414,00DM
	MwSt 14%	57,96DM
	Rechnungsbetrag	471,96 DM

Mit freundlichen Grüßen

W. Neumaier

Betrag bei Lieferung bar erhalten

W. Neumaier

Bankverbindungen   Postgiro

2 Buchungsbelege

Beleg 158

Kassenvermerk	30.09.19..	DM
Unerklärlicherweise fehlten heute bei der Tagesabrechnung 45,oo DM in der Kasse.		45,oo
(Unterschrift)		45,oo

Beleg 159

ZUM RÖMERHOF

Hotel-Restaurant-Weingut
Baron F. von Weinstein
Rieslingpfad 19
6229 Kiedrich/Rhg.
Tel. 06123/XXXXXX

Rechnung   5.10.19..

Wir lieferten heute für
Geschäftsfreundebewirtung
gegen Barzahlung:

12 Flaschen Klosterpforte 5,00DM/Flasche
                              DM 60,00
12 Flaschen Rheinmöwe   5,20DM/Flasche
                              DM 62,40
12 Flaschen Steinbeißer   5,60DM/Flasche
                              DM 67,20
                          _____

                              DM 189,60
                              =========

Mehrwertsteuer im Betrag enthalten

Bitte zahlen Sie nur die von der Kasse gedruckten Beträge.
Donnerstag Ruhetag

2 Buchungsbelege

Beleg 160

Malereibetrieb *Lacke und Farben*

MALERMEISTER
HANS BLAU
RINGSTRASSE 2
6200 WIESBADEN

Telefon 06121/ 302010

Herrn
Karl Kasper
Dauborner Str. 14

6270 Idstein

Wiesbadener Volksbank
BLZ 510 900 00
Konto-Nr. 1234567
Postgiroamt Frankfurt
BLZ 500 100 60
Kto-Nr. 101010

Datum und Zeichen Ihres Schreibens	Unser Zeichen	Datum
3.10.19..	HB/EK	7.10.19..

Rechnung-Nr. 989

Wir lieferten Ihnen am 6.10.19.. frei Haus:

6 Einheiten WIEBAX-Dämmsystem mit optimaler Rißdehnfestigkeit	DM/Einh.	42.80	DM	256,80
12 Einheiten verschiedener Dispersionen	"/"	13,40	DM	160,80
18 1-kg-Dosen verschiedener Lacke	"/"	9,70	DM	174,60
5 Kanister WIEXYLO Holzschutz	"/"	24,20	DM	121,00
20 Rollen Fondtapeten mittelschwer	"/"	5,00	DM	100,00
25 Rollen Seidenglanztapeten	"/"	11,20	DM	280,00
			DM	1.093,20
		14% MwSt	DM	153,05
			DM	1.246,25

Bei Zahlung innerhalb von 10 Tagen gewähre ich einen
Nachlaß von 3%.

Mit freundlichen Grüßen

H Blau

Beleg 161

BERND HARTMANN GMBH u. CO. KG

AM SÜDBAHNHOF 2, 6200 WIESBADEN   TEL.: 06121/XXXXXX

BAU- + BRENNSTOFFE

Firma
Hans Blau
Ringstr. 2

62 Wiesbaden

Ihr Zeichen HB/EK	Ihr Schreiben Anruf v. 6.10.19.	Tag und Rechnungsdatum 10.Okt.19..

Ihre Bestellung vom 12.10.19..
Tankgröße 15000 Liter

Sehr geehrter Herr Blau!

Zur Füllung Ihres Werkstatt-Außentanks belieferten wir
Sie mit Heizoel El.   Menge 13.400 Liter.
                Preis je Liter DM 0,50

	DM	6.700,00
14% MwSt		938,00
		7.638,00

Zahlbar bis 20.Okt.19.. ohne Abzug

(Unterschrift)

(Hartmann)

Bankverbindungen   Postgiro

Beleg 162

```
KURT     S E Y F R I E D
FUSSBODEN- UND PARKETTVERLEGUNG
```

```
Herrn Malermeister
Hans Blau
Ringstr. 2
6200 Wiesbaden
```

SCHÜTZENGASSE 10

6200 WIESBADEN

TEL.: 06121/XXXXX)

ZEICHEN	IHR SCHREIBEN	UNSER ZEICHEN	DATUM
HB/EK	Anruf v. 04.10.19..	KS/LH	10.10.19..

Rechnung-Nr. 1578

Wir lieferten und verlegten für Sie in
der Arztpraxis, Ringstr. 2, Wiesbaden:

		Einzel-preis	Gesamt
102,36qm	Mosaikparkett geliefert, verlegt und geschliffen	34,50	3.531,42 DM
102,36	Versiegelung der Parkett-fläche nach Schwedenart	10,90	1.115,72 DM
75,12 lfdm.	Holzleisten 70/14 + 20/8 geliefert und angebracht	9,55	717,40 DM
3,95 lfdm.	Winkelschienen 20/10 geliefert und angebracht	14,60	57,67 DM
7,44 lfdm.	Teppichschienen geliefert und angebracht	19,85	147,68 DM
			5.569,89 DM
	14% MwSt		779,78 DM
			6.349,67 DM

Mit freundlichen Grüßen

(K. Seyfried)

Bei Zahlung bis 17.10.19..   DM 6.159,18,
sonst zahlbar rein netto.
Bankverbindungen   Postgiro

Beleg 163

Betriebsausflug Eigenbeleg zum 12.10.19..	DM
Besuch des Museums für das Kunst- handwerk in Frankfurt/M. (Eintritt frei)	
Anerkennung der sehr guten handwer- lichen Leistungen in den vergangenen Sommermonaten.	
Anmietung eines Kleinbusses (9 Pers.) Abrechnung siehe Anlage 14% MwSt	120,00 16,80
	136,80
9 Mittagessen (ohne Betriebsinhaber) siehe Anlage 14% MwSt	210,00 29,40
	239,40
Kassenentnahme	376,20 =======

2 Buchungsbelege

Beleg 164

Fremdstrom- Gas- Wasser- Heizg.		DM
Berichtigung der Buchungen vom 10.Okt.19..		
Das Heizöl wird wegen der günstigeren Konditionen für Werkstatt, Arztpraxis und Privatwohnung gleichzeitig bezogen.		
Anteil Arztpraxis, 1. Etage:		
40% aus 6.700,00 DM	2.680,00	
40% aus 938,00 DM	375,20	3.055,20
14.Okt.19.. *Bl.*		3.055,20

Beleg 165

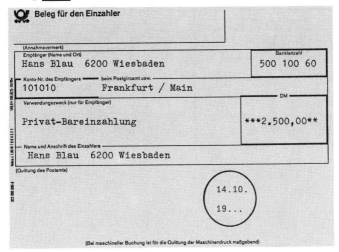

Beleg 166

2 Buchungsbelege

Beleg 167

Datum 15.Okt. 19..	Buchungsbeleg Nr......	
	Belastung	Gutschrift
Text	Betrag	Betrag
Heizöllieferung Hartmann am 10.Okt. 19.. 20% der Heizölmenge werden in der Privatwohnung verbraucht	Rechnungsbetrag: MwSt.	6.700,00 938,00 7.638,00
		ℋ. Bℓ.

Beleg 168

Durchschrift	51090000 **Wiesbadener Volksbank eG** 6200 WIESBADEN 1	
Empfänger (genaue Anschrift) Brennstoff-Hartmann GmbH u. Co.KG 6200 Wiesbaden		Bankleitzahl 510 500 15
Konto-Nr. des Empfängers bei (Kreditinstitut) 898989 NASPA Wiesbaden		
Verwendungszweck (nur für Empfänger) Rechnung vom 10. Okt. 19..		DM 7.638,00
Konto-Nr. des Auftraggebers 1234567 Auftraggeber Hans Blau 6200 Wiesbaden		
	15. Okt. 19.. Datum	ℋ. Blau Unterschrift

Beleg 169

Gutschrift	510 500 **15**		
Nassauische Sparkasse			

Empfänger

Hans Blau, Malermeister, 6200 Wiesbaden

Konto-Nr. des Empfängers — Bankleitzahl

1234567	510 900 00

bei (Sparkasse usw.)

Wiesbadener Volksbank

DM — Pf

****1.208, , 86

Verwendungszweck (nur für Empfänger)

Rechnung vom 7.10.19.. über 1.246,25 abzgl. 3%

Auftraggeber
Karl Kasper Dauborner Str. 14 6270 Idstein

Konto-Nr. des Auftraggebers

| Mehrzweckfeld | X | Konto-Nr. | X | Betrag | X | Bankleitzahl | X Text |

Eingang: 16.10.19..

Bitte dieses Feld nicht beschriften und nicht bestempeln

2 Buchungsbelege

Beleg 170

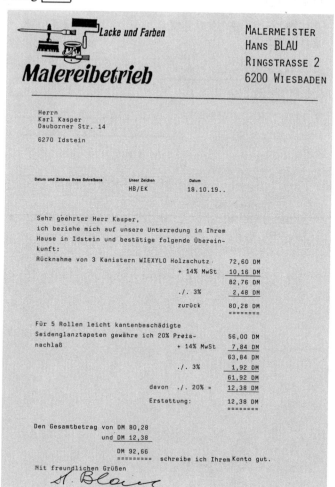

Lacke und Farben

Malereibetrieb

MALERMEISTER
HANS BLAU
RINGSTRASSE 2
6200 WIESBADEN

Herrn
Karl Kasper
Dauborner Str. 14

6270 Idstein

Datum und Zeichen Ihres Schreibens	Unser Zeichen	Datum
	HB/EK	18.10.19..

Sehr geehrter Herr Kasper,
ich beziehe mich auf unsere Unterredung in Ihrem
Hause in Idstein und bestätige folgende Überein-
kunft:

Rücknahme von 3 Kanistern WIEXYLO Holzschutz 72,60 DM
+ 14% MwSt 10,16 DM
82,76 DM
./. 3% 2,48 DM
zurück 80,28 DM
========

Für 5 Rollen leicht kantenbeschädigte
Seidenglanztapeten gewähre ich 20% Preisnachlaß 56,00 DM
+ 14% MwSt 7,84 DM
63,84 DM
./. 3% 1,92 DM
61,92 DM
davon ./. 20% = 12,38 DM
Erstattung: 12,38 DM
========

Den Gesamtbetrag von DM 80,28
und DM 12,38

DM 92,66
======== schreibe ich Ihrem Konto gut.

Mit freundlichen Grüßen

Beleg 171

Paul HIMMELSSTÜRMER
Bez. Schornsteinfegermeister
Schwarzkopfstr. 1

6200 Wiesbaden

PH

Datum und Zeichen Ihres Schreibens	Unser Zeichen	Datum
		20.10.19..

Rechnung-Nr. CV 23

Emissionsmessgebühren	Ölheizung	39,60 DM
	14% MwSt	5,54 DM
		45,14 DM

Hans Blau
Ringstr. 2

6200 Wiesbaden

Paul HIMMELSSTÜRMER
Bez. Schornsteinfegermeister
Schwarzkopfstr. 1
6200 Wiesbaden

Betrag bar erhalten

Vermerk: 1/3 = 15,05 werden
        privat verbucht
        d. Bl.

Bankverbindungen   Postgiro

2 Buchungsbelege

November

Beleg ⎡172⎤

Anlagevermögen Grundstückskauf	01.11.19..	DM
Grundstück lfd. Nr.7 - Flur 24- Flurstück 65/98 Ringstr. 4 - 4,69 a -		
Kaufpreis		140.000,00
Grunderwerbssteuer 2%		2.800,00
Notariatskosten	1.400,00	
14% MwSt	196,00	1.596,00
Maklergebühren	7.000,00	
14% MwSt	980,00	7.980,00
Grundbuchkosten		560,00
Gesamtkosten		151.760,00
anteilige Mehrwertsteuer		1.176,00
		152.936,00
		===========
Vermerk:		
Überweisung Postgiro: 7.980,00		
Überweisung Bank: Restbeträge		

A. Bl.

Beleg 173

Stephan und Ute Kluge
    Rechtsanwälte

Irenenallee 2 - 6200 Wiesbaden
Tel. 06121/XXXXXX

Herrn Malermeister
Hans Blau
Ringstr. 2
6200 Wiesbaden.

Ihr Zeichen	Ihr Schreiben	Unser Zeichen	Tag
HB/EK		UK/SD	02.11.19..

TAPIKLESCH GmbH ./. Blau
(Tapeten--Pinsel--Kleister--Schleifbänder)

Sehr geehrter Herr Blau,

in der Anlage überreiche ich das Urteil des AG Wiesbaden vom
30.10.19.. zur gefl. Kenntnisnahme.
Wie ich Ihnen bereits nach dem Termin zur mündlichen Verhand-
lung mitteilte, konnte das Ergebnis der Beweisaufnahme das
Gericht nicht davon überzeugen, daß für die Warenlieferung
der Klägerin an Sie der von uns vorgetragene Sonderpreis vereinbart wurde. Insbesondere der Verkaufsleiter der Klägerin,
der Zeuge Listig, konnte glaubhaft machen, daß zwar über einen Sonderpreis gesprochen wurde, jedoch zum Zeitpunkt der
Auftragsvergabe ein solches Entgegenkommen Ihnen gegenüber
ausdrücklich nicht eingeräumt wurde.
Das Gericht hat Sie daher zur Zahlung des vollen Kaufprei-
ses verurteilt.
Da der Streitwert die Berufungssumme von 700,00 DM nicht
erreicht, ist das Urteil bereits rechtskräftig.
Ich erlaube mir daher, Ihnen die bei mir entstandenen Kosten
und Gebühren wie folgt zu berechnen:

Gegenstandswert: DM 683,00

Prozeßgebühr, § 31 I Zif.1 BRAGO		DM	60,00
Verhandlungsgebühr, § 31 I Zif.2 BRAGO		DM	60,00
Beweisgebühr § 31 I Zif.3 BRAGO		DM	60,00
Auslagenpauschale, § 26 BRAGO		DM	27,00
		DM	207,00
	14% MwSt	DM	28,98
		DM	235,98

Der Betrag wurde mit Verrechnungsscheck,
Wiesbadener Volksbank, beglichen.

Kluge
(Kluge RA)

2 Buchungsbelege

Beleg 174

Durchschrift **Wiesbadener Volksbank eG** 51090000

6200 WIESBADEN 1

Empfänger (genaue Anschrift)

Gemeinn. Wiesbadener Wohnungsbau mbH

Bankleitzahl

510 101 11

Konto-Nr. des Empfängers — bei (Kreditinstitut)

101 6 00

Verwendungszweck (nur für Empfänger)

Öffentliche Ausschreibung GWW 313
Putz-, Anstrich-, Tapezierarbeiten
und Gerüst -Unkostenbeitrag-

DM

21,--

Konto-Nr. des Auftraggebers — Auftraggeber

1234567

Hans Blau Malermeister
Ringstr. 2 6200 Wiesbaden

05.11.19..
Datum

H. Blau
Unterschrift

Beleg 175

Lastschrift **Wiesbadener Volksbank eG** 510 900 00 No 0763130

6200 WIESBADEN 1

Einzugsermächtigung
des Zahlungspflichtigen liegt
dem Zahlungsempfänger vor.

Zahlungspflichtiger

Hans Blau, 6200 Wiesbaden

Bankleitzahl

Konto-Nr. des Zahlungspflichtigen — bei

1234567   Volksbank Wiesbaden

Verwendungszweck (Mitteilung für den Zahlungspflichtigen)

Krankenversicherung des Betriebsinha-
bers, Vers.-Schein 4050/7080

DM

385,00

Konto-Nr. des Zahlungsempfängers — Zahlungsempfänger

415161   Innungskrankenkasse Wiesbaden

Fristen und Termine für Fälligkeit, Vorlage und Rückgabe dürfen auf der Lastschrift nicht angegeben werden.

| Mehrzweckfeld | | Konto-Nr. | | Betrag | | Bankleitzahl | Text |

DG VERLAG 3

441 236

05н

Bitte dieses Feld nicht beschriften und nicht bestempeln

Beleg 176

Paketzustellgebühr Tapetenlieferung	4 DM	80 Pf
Bereithaltungsgebühr	DM	Pf
Nachgebühr	DM	Pf
Auszahlungsgebühr	DM	Pf

12. Nov. 19.

Deutsche Bundespost

Beleg 177

Kassenvermerk 15.11.19..		DM
Abschlagzahlungen für November 5 mal 400,00 DM ausgezahlt		2.000,00
H. Blau		2.000,00

2 Buchungsbelege

Beleg 178

```
    GUTSCHRIFT (Zahlschein) durch

                        Eingang 16.11.19

(Annahmevermerk)
Empfänger (Name und Ort)                              Bankleitzahl

  Hans Blau   6200 Wiesbaden                          500 100 60
  Konto-Nr. des Empfängers ──── beim Postgiroamt usw. ─────

  101010        6000 Frankfurt/M                      ──── DM ────
Verwendungszweck (nur für Empfänger)

  Einkommensteuerrückerstattung 19..
  Steuer-Nr. 200 300 400                              ***1.230,00**

── Name und Anschrift des Einzahlers ────

  Finanzkasse   6200 Wiesbaden


    Mehrzweckfeld       Konto-Nr.       Betrag      Bankleitzahl    Text

                                                           51 H

        Bitte dieses Feld nicht beschriften und nicht bestempeln
```

Beleg 179

```
  Eigenbeleg: Zweifelhafte Forderungen


  Auf den Kunden Zwielicht wurden zum vergangenen Jahres-
  abschluß    DM 3.000,00   als zweifelhafte Forderungen
  eingetragen. (2/3 der Forderung)
  Forderung an Zwielicht laut Buchwert: 4.500,00 DM.
  Kunde Zwielicht überweist wider Erwarten am 17.11.19..
  DM 3.500,00.
  Der Rest ist als endgültig verloren zu betrachten.
  Rechnung:      Buchwert:   4.500,00 DM
            abzgl. Überweisg. 3.500,00 DM
                             1.000,00 DM (einschl. MwSt)

            1.000,00 = 114%
              122,81 =  14%

  Forderungsausfall ohne Umsatzsteuer   877,19 DM
                                        =========


              17.11.19..      H. Bl.
```

Beleg 180

Kassenvermerk	20.11.19..	DM
Kassenentnahme Geburtsbeihilfe für den Gesellen Heinz Borek anl. der Geburt seines Sohnes		500,00
		500,00

Beleg 181

Lastschriftzettel Bl.018

Konto 6000 Frankfurt
Nr. 101010

****160 DM *** Pf

für Krs. Handwerker-
schaft Wiesbaden

Maler + Tapez. Innung

6200 Wiesbaden

Teilnahme mei-
nes Auszubld.
Fritz Kainuth
1 Woche über-
betriebliche
Schulung
(Für weitere Vermerke des Auftraggebers bitte Rückseite benutzen)

24.11.
19..

Bitte bei Einsendung an das Postamt jeden Lastschriftzettel hier einzeln nach hinten umschlagen

Das Postamt sendet diesen Abschnitt dem Auftraggeber

Beleg 182

FEUERTOD

Feuerlöschausrüstungen
Bodenseestraße 121
7000 Stuttgart-Feuerbach
Tel. 0711-XXXXXX

Für Ihre Sicherheit!

Herrn Malermeister
Hans Blau
Ringstr. 2

6200 Wiesbaden

Datum und Zeichen Ihres Schreibens	Unser Zeichen	Datum
15.11.19.. HB/EK	FT/MM	18.11.19..

Sehr geehrter Herr Blau,
wir lieferten und montierten in Ihrer Werkstatt,
Ringstr. 2, 6200 Wiesbaden, das Feuerschutzgerät
456 in der Ausführung für Werkstätten und Baustellen
mit erhöhter Brandgefahr zum Preise von   DM 224,56

                                    + 14% MwSt   DM 31,44
                                                  ──────────
                                                  DM 256,00
                                                  ==========
Eine Bescheinigung über vorschriftsmäßige
Installierung des Gerätes wurde ausgestellt.

Mit freundlichen Grüßen

F. Feuerkopf

(F.Feuerkopf)

Durchschrift		51090000
	Wiesbadener Volksbank eG	
	6200 WIESBADEN 1	

Empfänger (genaue Anschrift)		Bankleitzahl
Firma Feuertod 7000 Stuttg.-Feuerbach		600 904 00

Konto-Nr. des Empfängers — bei - (Volksbanken, Raiffeisenbanken usw.) oder ein anderes Konto des Empfängers *)

856453	Cannstatter Volksbank	

Verwendungszweck (nur für Empfänger)

Rechnung v. 20.11.19.. Feuerschutzgerät 456   ***256,00***
Ausführg. für Werkstätten u. Baustellen

DM

Konto-Nr. des Auftraggebers — Auftraggeber

1234567	Hans Blau
	Ringstr. 2 6200 Wiesbaden

*) Soll die Überweisung auf ein anderes Konto ausgeschlossen sein, so sind die Worte „oder ein anderes Konto des Empfängers" zu streichen.

27.11.19..   *X. Blau*
Datum   Unterschrift

Bankverbindung: Cannstadter Volksbank - Kto. 856453 - BLZ 600 904 00

Beleg 183

```
          LOHNABRECHNUNG für Monat Nov. 19..  lt. Journal

Bruttolöhne                              18.000,00
Verm. wirks. Leistungen (VwL) A.G.          320,00        18.320,00 DM

steuerpflichtige Löhne                                    18.320,00 DM

Abzüge

Lohnsteuer                                3.430,00
Kirchensteuer                               308,70    3.738,70 DM

Sozialversicherung Abgabe A.N.            3.279,28

Verm. wirks. Leistg. A.N.8 mal 52,00       416,00

Lohnabtretung (Fa. Tisch, Möbel GmbH)      200,00

Abschlagzahlungen                        2.000,00    5.895,28 DM
                                                     9.633,98 DM

Nettolohn      ..............................................8.686,02 DM

+ steuerfreie Fahrgeldzuschüsse            260,00
+ Arbeitnehmer-Sparzulage                   96,00         356,00 DM

Gesamtauszahlung durch Banküberweisungen             9.042,02 DM
                                                     ===========

Anmerkung:   Sozialabgaben des A.G. von 3.279,28 DM
             werden bis zur Überweisung ebenfalls als
             Schuld gebucht.
             Gleichfalls werden Lohn- und Kirchensteuer
             des A.N. als Verbindlichkeit gebucht.

Vermerk:   a) Die A.N.-Sparzulage wird vor Überweisung
              an das Finanzamt mit der Lohn- und Kirchen-
              steuer verrechnet: 3.738,70 abzgl. 96,00 = 3.642,70

           b) Der Betrieb übernimmt für acht Mitarbeiter
              die VwL: 8 mal 40,00 = 320,00 DM

           c) Die VwL werden sofort über Bank an die Bau-
              sparkassen abgeführt: 8 mal 52,00 = 416,00 DM

           d) Die Lohnabtretung wird ebenfalls sofort an
              die Möbel GmbH überwiesen
```

Dezember

Beleg 184

Eigenbeleg für Bankkonto		DM
Aufnahme einer Hypotheken-schuld von DM 25.000,00	25.000,00	
Auszahlungskurs: 98%	./. 500,00	24.500,00
1.Dezember 19..		
Vermerk:		
Verzinsung 6,25%		
fällig jeweils zum 31.12.		
Rückzahlung in einer Summe		
nach 8 Jahren		
Das Damnum wird anteilig aufge-		
löst. (Siehe 31.Dezember 19.)		
		24.500,00

Beleg 185

Z U M   R Ö M E R H O F
Hotel-Restaurant-Weingut
Baron F. von Weinstein
Rieslingpfad 19
6229 Kiedrich/Rhg.
Tel. 06123/XXXXXX

Rechnung	HJ/DS	02.Dez.19..	
Bed. 005		DM/Einz.	DM
005	6 Aperit	4,00	24,00
005	6 Rotw	3,10	18,60
005	4 Filetstro	22,60	90,40
005	2 Rotzung	21,80	43,60
005	6 Weißw	4,00	24,00
005	4 Moc-doub	4,50	18,00
005	2 Eisbech	5,00	10,00
		ZwiSu	228,60
	14% MwSt	entha.	
		Summe	228,60

Summe getrennt nach Mehrwertsteuer:

14%	200,53
	28,07

Bitte zahlen Sie nur die von der Kasse gedruckten Beträge.
Donnerstag Ruhetag

Angaben zum Nachweis der Höhe und der betrieblichen
Veranlassung von Bewirtungsaufwendungen (§ 4 Abs. 5 Zif. 2 EStG)

Tag der Bewirtung	Ort der Bewirtung
02.Dez.19..	Z U M R Ö M E R H O F
	6229 Kiedrich/Rhg.

Bewirtete Personen:

Herr K. Friedrichs 62 Wiesbaden
Herr P. Kalbus 62 Wiesb.-Dotzheim
Herr M.Welle 6229 Schlangenbad
Herr W. Studa 6229 Kiedrich
Herr D. Schwarzkopf 6503 Mz-Kastel
Herr H. Blau 62 Wiesbaden

Anlass der Bewirtung
Die genannten Personen sind über 10
Jahre treue Kunden des Malerbetrie-
bes Hans Blau.

[X] Bei Bewirtung in Gaststätte   [ ] In anderen Fällen

R. untenliegt/Beleg/eigener
rechnung

+++++228,60 DM

Ort	Datum	Unterschrift	DM
6229 Kiedrich	02.Dez.19..	(v. Weinstein)	

2 Buchungsbelege

Beleg 186

WERBEMITTEL OTTMANN

Alfred Ottmann KG
Hessenring- 60
6500 Mainz
Tel. 06131/XXXXXX

WO

Werbegeschenke
Firmenpräsente
Jubiläumsgeschenke
Messeartikel

Herrn Malermeister
Hans Blau
Ringstr. 2
6200 Wiesbaden

Ihr Zeichen	Ihr Schreiben	Unser Zeichen	Tag
HB/EK	v.26.11.19..	AO/AF	02.12.19..

Rechnung-Nr. 6161

Auf Ihre Bestellung vom 26.Nov.19.. lieferten wir
Ihnen heute:

Best. Nr.		Stück	DM/Stück	DM
7488	Druckkugelschreiber	50	0,26	13,00
3659	Rechnerlineal	15	18,50	277,50
4231	Mini-Quarzreisewecker	10	14,20	142,00
2231	Wetterstation	10	25,10	251,00
4432	Wandkalender'Schönes Wohnen'	30	3,90	117,00
5432	Büro-Set, 4teilig	20	8,60	172,00
6531	Hebelkorkenzieher im Karton	25	2,10	52,50
				1.025,00
	Einmalige Kosten für die Werbeanbringung			19,50
	Werbeaufschrift:	Hans·Blau		
		Malermeister		
		Ringstraße 2		
		62 Wiesbaden		
		160	0,90	144,00
				1.188,50
		14% MwSt		166,39
				1.354,89

Mit freundlichen Grüßen

O. H.

(A. Ottmann)
Auf unsere einmaligen Niedrigpreise gewähren
wir bei Zahlung innerhalb 10 Tagen 3% Skonto.

Bankverbindungen   Postgiro

184

Beleg 187

Gottlieb Jährlich   6500 Mainz, den 7.12.19..
                                           Katerstr. 14

Herrn Malermeister
Hans Blau

6200 Wiesbaden

Mit Befremden erhielt ich heute Ihr Mahnschreiben mit der
Forderung, Ihre Malerarbeiten in Höhe von   DM 1.235,00
zu begleichen.
Sie schreiben von einem bedauerlichen Irrtum in Ihrer Buch-
führung und wollen damit Ihre - nach Ihrer Angabe drei Jahre
und zwei Monate zurückliegenden - Außenstände heute noch
eintreiben.
Leider ist es mir als Privatmann nicht mehr möglich, Ihre
Quittung aus damaliger Zeit vorzulegen. Ich bin aber der festen
Überzeugung, daß ich nach Abschluß Ihrer Malerarbeiten den von
Ihnen geforderten Betrag bar an Sie bezahlt habe.
Verkraften Sie also Ihren 'Irrtum' selbst!
Eine nochmalige Zahlungsaufforderung werde ich als Belästigung
ansehen. Ich müßte dann meinen Rechtsanwalt bemühen.

Hochachtungsvoll

2 Buchungsbelege

Beleg 188

Autohaus SCHNEIDER & CO
AM BRUCH 38
6200 WIESBADEN
TEL.: 06121/XXXXXX

Herrn Malermeister
Hans Blau
Ringstr. 2
6200 Wiesbaden

Ihr Zeichen	Ihr Schreiben	Unser Zeichen	Tag
		Sch/D	8.12.19..

Rechnung-Nr. 2908

Sehr geehrter Herr Blau,
Ihre Firmenfahrzeuge tankten im Monat November 19..
350 Liter Normalbenzin bleifrei: 0,96 DM/l   DM 336,00
                          MwSt. enthalten

Für Wartung und Kleinreparaturen berechne ich   DM 490,00
                              14% MwSt   DM 68,60

                                                   DM 894,60
                                                   =========
Ich bitte den Betrag auf eins meiner Konten
zu überweisen.

Mit freundlichen Grüßen

Schneider

186

Beleg 189

Durchschrift	**Wiesbadener Volksbank eG** 51090000 6200 WIESBADEN 1	

Empfänger (genaue Anschrift)
Werbegesch. Alfr. Ottmann, 6500 Mainz

Bankleitzahl
551 900 70

Konto-Nr. des Empfängers
809076

bei (Kreditinstitut)
Mz. Volksb. Zw. Lerchenberg

Verwendungszweck (nur für Empfänger)
Rechnung vom 02.12.19.. abzgl. 3% Sk.
1.354,89 abzgl. 40,65

DM
1.314,24

Konto-Nr. des Auftraggebers
1234567

Auftraggeber
Hans Blau, 6200 Wiesbaden

10.12.19..
Datum

A. Blau
Unterschrift

Beleg 190

Eigenbeleg: Kundenforderungen   10.12.19..

Nach Rücksprache mit dem Leiter des Seniorenheims
hat die verstorbene Witwe Johanna Schulze keiner-
lei Vermögen hinterlassen.
Meine Forderung aus dem Vorjahr in Höhe von
        DM 1.400,00
plus 14% MwSt.   196,00

        DM 1.596,00
        ===========

muß daher als uneinbringlich angesehen werden.

A. Blau

2 Buchungsbelege

Beleg 191

Kassenvermerk	12.Dez.19..	DM
Zusammenstellung der verausgabten Trinkgelder zum Jahresende		
In der Zeit vom 1. - 12.Dez. 19.. erhielten von mir bzw. meiner Frau folgende Personen ein Weihnachts-Neujahrstrinkgeld:		
Postzusteller		20.00
Paketzusteller		20,00
Müllabfuhr		20,00
Friseuse		10,00
Zeitungsbote		10.00
Brötchenausträger		10,00
		90,00

Beleg 192

Lacke und Farben

Malereibetrieb

MALERMEISTER
HANS BLAU
RINGSTRASSE 2
6200 WIESBADEN

Telefon 06121/ 302010

Autohaus
Schneider & Co
Am Bruch 38
6200 Wiesbaden

Wiesbadener Volksbank
BLZ 510 900 00
Konto-Nr. 1234567
Postgiroamt Frankfurt
BLZ 500 100 60
Kto-Nr. 101010

Ihr Zeichen	Ihr Schreiben	Unser Zeichen	Tag
		HB/EK	15.12.19..

Rechnung-Nr. 1456

Sehr geehrter Herr Schneider,
für die von meinem Handwerksbetrieb ausgeführten
Maler- und Tapezierer-Arbeiten im Büro und im Verkaufs-
und Kassenraum Ihrer Tankstelle berechne ich wie in

meinem Kostenvoranschlag spezifiziert		DM 1.750,00
	14 % MwSt	DM 245,00
		DM 1.995,00

Gemäß unserer Vereinbarung ziehe ich in
Gegenrechnung den von Ihnen geforderten
Betrag aus Ihrer Rechnung-Nr. 2908 vom

8.12.19.. in Höhe von DM 894,60 ab.		DM 1.995,00
	./.	DM 894,60
	Restforderung	DM 1.100,40

Bitte informieren Sie mich, wenn Sie
Ihrerseits den Restbetrag mit Ihren Benzin-
rechnungen an mich ausgleichen wollen.

Mit freundlichen Grüßen

H. Blau

2 Buchungsbelege

Beleg 193

Paul Ehrlich   2400 Lübeck, den 20.12.19..
                                                  Sommerstr. 3

Herrn Malermeister
Hans Blau
Ringstr. 2
6200 Wiesbaden

Sehr geehrter Herr Blau,
leider erfahre ich erst heute, daß meine verstorbene Tante Johanna Schulze
noch mit DM 1.596,00 in Ihrer Schuld steht.
Ich glaube es meiner Tante schuldig zu sein - ich wohne seit vielen Jahren
mietfrei in ihrem Häuschen - den offenstehenden Betrag zu begleichen.

Mit freundlichen Grüßen

P. Ehrlich

<u>Anlage</u> Verrechnungsscheck der Handelsbank in Lübeck
         über <u>DM 1.596,00</u>

Beleg 194

Uneinbringliche Forderungen: Kunde Wolichewsky

Heute wurde das Konkursverfahren gegen meinen
Kunden Jan Wolichewsky mangels Masse eingestellt.

Laut Rechnung-Nr. 1324 vom 11.05.19.. haben wir
an Herrn Wolichewsky Forderungen im Buchwert von

	4.200,00 DM
plus 14%	588,00 DM
	4.788,00 DM
	==========

Berichtigung meiner Forderung und Umsatzsteuer-
korrektur wurden vorgenommen.

21.12.19..

Beleg 195

Forderungsausfall im Vergleichsverfahren

Mein Kunde Franz Leichtfuß hat gegen sich ein gerichtliches
Vergleichsverfahren beantragt.
Da die Erhaltung seines Betriebes durchaus möglich erscheint,
stimmten die Gläubiger dem Vergleichsvorschlag zu, wenn auch
die Quote nur 35% beträgt.

Meine Forderung an Leichtfuß:	2.000,00 DM
14% MwSt	280,00 DM
	2.280,00 DM
	==========

Bei einer Vergleichsquote von 35% habe ich einen Verlust
von 65%:

65% von 2.280,00 DM = 1.482,00 DM

Die Mehrwertsteuerberichtigung wird erst nach Abschluß des
Vergleichsverfahrens bei Rechnungseingang (Abschlußzahlung)
vorgenommen.

30. 12. 19..

2 Buchungsbelege

Beleg 196

Warenverbrauch 19.. Inventur am 30.12.19..	DM
Warenanfangsbestand am 1.Jan.19..	18.340,00
Bezogene Waren in 19..	37.900,00
An Lieferer zurückgegebene Waren	1.310,00
Warenbestand lt. heutiger Inventur	14.870,00
A. Blecu	

Beleg 197

Privatverbrauch: PKW WI-TZ 66	30.12.19..	DM
Die private Nutzung beträgt 20%		
Kraftfzg.Steuer ges.	450,00	
Kfz.-Versicherung ges.	630,00	
lfd. Kosten für Benzin, Pflege, Reparaturen usw.	2.720,00	
Absetzung für Abnutzung (AfA)	5.000,00	8.800,00
Privater Nutzungsanteil 20%	1.760,00	
14% MwSt	246,40	2.006,40
		2.006,40

BL.

Beleg 198

Aktive Rechnungsabgrenzung Kfz WI-EN 111	19../ 19..	
Die Kfz-Steuer wurde am 1.9. für ein Jahr im voraus bezahlt DM 840,00 Kfz-Kosten für 19.. = 4 Monate	DM 280,00	
Aktive Rechnungsabgrenzung zum 31.12.19..	560,00	
Am 1.01.19.. Auflösung der akt. Rechnungsabgrenzung auf das Konto 4570 Kfz-Unterhalt		
Kontrolle: 840,00 DM ./. 19.. 280,00 DM ./. 19.. 560,00 DM ———,——		

31. 12. 19.. Be

2 Buchungsbelege

Beleg 202

```
Absetzung für Abnutzung (AfA) zum 31.12.19..
angenommene pauschale Werte

Gebäude mit betrieblichem Anteil:

Anschaffung: 600.000,00, Buchwert 528.000,00
                         linear 2 %        ................
Fahrzeuge:
Anschaffung:  60.800,00, Buchwert  45.600,00
                         linear 25 %       ................
Betriebs- und Geschäftsausstattung:
Anschaffung: 26.880,00, Buchwert  16.800,00
                         linear 12,5 %     ................
Maschinen und maschinelle Anlagen:
Anschaffung: 45.000,00, Buchwert  31.500,00
                         degressiv 30 %    ................
```

Beleg 203

Hypothek - Darlehensaufnahme am 1.12.	
Bank bucht Zinsen ab: 6,25% von 25.000,00, davon 1/12	$\dfrac{1.562,50}{12} =$ 130,21 DM
Das Damnum wurde mit DM 500,00 auf die Sollseite Akt. Rechnungsabgrenzung gebucht. Anteil für Dezember 19..: $\dfrac{500,00}{8}$ Hiervon 1/12 nach der wirtschaftlichen Zugehörigkeit	$\dfrac{62,50}{12} =$ 5,21 DM
31.12.19.. K. Be	

Beleg 207

KREISHANDWERKERSCHAFT

WIESBADEN - RHEINGAU - TAUNUS

Kreishandwerkerschaft Rheinstraße 36 Postfach 3768 6200 Wiesbaden

Herrn Malermeister
Hans Blau
Ringstr. 2

6200 Wiesbaden

Ihre Zeichen	Ihre Nachricht vom	Unsere Zeichen	6200 WIESBADEN N, den
Betreff:		2-2-1/ 6 H.	28.12.

Gesellen/Abschlußprüfung im **Maler- und Lackierer** - Handwerk.

Ihr(e) frühere(n) Auszubildende(n)

Fritz Rot ....

....

hat/haben an der diesjährigen XXXXXXX/Winter-Gesellen/Abschlußprüfung teilgenommen.-

Wir bitten höflichst um Überweisung der Prüfungsgebühr in Höhe von DM **150,--**
zuzüglich Materialkosten von DM **30,--**

insges.   DM **180,--**

auf eines unserer u.a. Konten.

Für baldmöglichste Erledigung wären wir sehr dankbar.

Mit freundlichen Grüssen
i. A.

Neuser

Fernruf: (06121) 37 20 93 Bankkonto Wiesbadener Volksbank eG Nr. 419 908 BLZ 510 900 00
Sprechstunden: montags–freitags 7.30–12.00 Uhr sonst nach vorheriger Verei...

Lastschriftzettel BL0 9 2

Konto 6000 Frankfurt
Nr. 101010

★★★180.— DM 00 Pf

for Krshandwerkerschaft
Rheingau-Taunus
Rheinstr. 36
6200 Wiesbaden

Prüfungs-
gebühr
Fritz Rot

31.12.
19..

(Für weitere Vermerke des Auftraggebers bitte Rückseite benutzen)

3 Verbuchung der Belege

(aus Kapitel 2) mit ergänzenden Hinweisen und Erläuterungen

Buchungssätze zu Geschäftsvorfällen nach den Belegen $\boxed{1}$ bis $\boxed{207}$ – vgl. dazu Kontenplan im Anhang, S. 240.

Die mit „→" gekennzeichneten Lösungen enthalten neben dem Buchungssatz zusätzliche Hinweise und Erläuterungen zur Verbuchung bzw. zum Rechenweg:

Januar

$\boxed{1}$

| Privatkonto | 500,00 DM an Kasse | 500,00 DM |

$\boxed{2}$

| Steuern, Gebühren, Beiträge, Versicherungen | 126,90 DM an Bank | 126,90 DM |

$\boxed{3}$

| Steuern, Gebühren, Beiträge, Versicherungen | 97,50 DM an Bank | 97,50 DM |

$\boxed{4}$

| Freiwillige Sozialleistungen (einschl. Gratifikationen) | 200,00 DM | |
| Vorsteuer | 28,00 DM an Kasse | 228,00 DM |

→ auch der im Pauschbetrag enthaltene Kostenanteil für den Betriebsinhaber wird auf Konto 4180 mitverbucht, da die Anwesenheit von Hans Blau bei der Fahrt als unerläßlich angesehen wird

3 Verbuchen der Belege

Februar

18

Sonstige kurzfristige Verbindlichkeiten	312,00 DM	an Bank	312,00 DM

→ die vermögenswirksamen Sparleistungen der Arbeitnehmer wurden bei der Januar-Lohnzahlung als Schuld gebucht

19

Verbindlichkeiten an die Sozialversicherung und Ausgleichskasse	2.125,00 DM	an Bank	2.125,00 DM

→ die Sozialversicherungsbeiträge wurden bei der Januar-Lohnzahlung als Schuld gebucht

20

Werkstoffe	7.894,74 DM		
Vorsteuer	1.105,26 DM	an Verbindlichkeiten an Lieferanten	9.000,00 DM

21

Steuern, Gebühren, Beiträge, Versicherungen	725,00 DM	an Postgiro	725,00 DM

22

Privatkonto	364,80 DM	an Eigenverbrauch	320,00 DM
		Mehrwertsteuer	44,80 DM

23

Privatkonto	102,60 DM	an Eigenverbrauch	90,00 DM
		Mehrwertsteuer	12,60 DM

24

Sonstige Gemeinkosten	13,50 DM	an Kasse	13,50 DM

→ die Wechselsteuer zählt zu den „Nebenkosten des Geldverkehrs" und wird deshalb **nicht** auf Konto 4490 (Steuern, . . .) gebucht

25			
Haus- und Grundstücksaufwendungen	231,85 DM	an Bank	231,85 DM

26			
Forderungen an Kunden	1.710,00 DM	an Erlöse aus Handelswaren	1.500,00 DM
		Mehrwertsteuer	210,00 DM

27			
Verbindlichkeiten an Lieferanten	9.000,00 DM	an Schuldwechsel	9.000,00 DM

28			
Werbungs- und Repräsentationskosten	60,00 DM	an Kasse	60,00 DM

→ keine Buchung auf Konto 4520, da sonst die „normalen" Postkosten des Betriebes in ihrer Höhe verfälscht würden

29			
Bank	1.400,00 DM	an Kasse	1.400,00 DM

30			
Forderungen an Kunden	1.257,30 DM	an Erlöse aus Malerarbeiten	1.102,89 DM
		Mehrwertsteuer	154,41 DM

31			
Bank	1.265,00 DM	an Forderungen an Kunden	1.265,00 DM

→ Möglichkeit zur Formulierung einer ersten Mahnung

32			
Bank	710,00 DM	an Forderungen an Kunden	710,00 DM

33			
Besitzwechsel	1.000,00 DM	an Forderungen an Kunden	1.000,00 DM

3 Verbuchen der Belege

49				
Bank	10.000,00 DM	an	Privatkonto	10.000,00 DM

50				
Privatkonto	2.500,00 DM	an	Bank	2.500,00 DM

51				
Gesetzliche Sozialabgaben	2.700,00 DM	an	Verbindlichkeiten an die Sozialversicherung und Ausgleichskasse	2.700,00 DM

52				
Grundstücke und Gebäude Vorsteuer	2.795,00 DM 391,30 DM	an	Verbindlichkeiten an Lieferanten	3.186,30 DM

April

53

| Steuern, Gebühren, Beiträge, Versicherungen | 3.000,00 DM | an | Bank | 3.000,00 DM |

54

Verbindlichkeiten an Lieferanten	3.186,30 DM	an	Bank	3.090,71 DM
			Zins-, Skonti- und Diskont- erträge	83,85 DM
			Vorsteuer	11,74 DM

55

| Zins- und Diskont- aufwendungen | 52,00 DM | an | Verbindlichkeiten an Lieferanten | 52,00 DM |

→ der Lieferant weist keine Mehrwertsteuer aus; somit keine Vorsteuerbuchung bei Hans Blau

56

| Nachunter- nehmerleistungen | 1.670,00 DM | | | |
| Vorsteuer | 233,80 DM | an | Verbindlichkeiten an Lieferanten | 1.903,80 DM |

57

| Privatkonto | 21,50 DM | an | Kasse | 21,50 DM |

58

| Verbindlichkeiten an die Sozialversi- cherung und Aus- gleichskasse | 580,00 DM | an | Bank | 580,00 DM |

→ der Umlagebeitrag wurde bei der vorangegangenen Lohnzahlung als
Schuld gebucht (die entsprechende Soll-Buchung erfolgte auf Konto
4131)

3 Verbuchen der Belege

Mai

72

Privatkonto	3,00 DM	an	Postgiro	3,00 DM

73

Verbindlichkeiten an Lieferanten	500,00 DM			
Postgiro	164,16 DM	an	Maschinen und maschinelle Anlagen	582,60 DM
			Vorsteuer	81,56 DM

→ aus dem Preisnachlaß von 500,00 DM errechnet sich eine Mehrwertsteuerkorrektur von 61,40 DM; hinzu kommt die Mehrwertsteuerkorrektur von 20,16 DM für die Rückgabe der Verpackung – zusammen 81,56 DM

74

Kasse	1.500,00 DM	an	Bank	1.500,00 DM

75

Verbindlichkeiten an Lieferanten	13.973,44 DM	an	Bank	13.554,24 DM
			Zins-, Skonti- und Diskonterträge	367,72 DM
			Vorsteuer	51,48 DM

76

Verbindlichkeiten an Lieferanten	1.347,08 DM	an	Bank	1.347,08 DM

77

Steuer- und Rechtsberatung, Buchstelle	1.231,20 DM			
Vorsteuer	172,37 DM	an	Verbindlichkeiten an Lieferanten	1.403,57 DM

78

Geringwertige Betriebs- und Geschäftsausstattung	477,00 DM			
Vorsteuer	66,78 DM	an	Verbindlichkeiten an Lieferanten	543,78 DM

212

79

Verbindlichkeiten
an Lieferanten   4.500,00 DM an Bank   4.500,00 DM
→ Umbuchung der Anzahlung am Jahresende auf Konto 1590 (Vorauszahlungen und sonstige Guthaben bei Lieferanten); vgl. 31. 12. 19....

80

Geringwertige
Betriebs- und Ge-
schäftsausstattung   210,00 DM
Vorsteuer   29,40 DM an Verbindlichkeiten
                                       an Lieferanten   239,40 DM

81

Schuldwechsel   9.000,00 DM an Bank   9.000,00 DM

82

Verbindlichkeiten
an Lieferanten   543,78 DM an Bank   543,78 DM

83

Kasse   62,70 DM an Außerordentliche
                                       Erträge   55,00 DM
                                       Mehrwertsteuer   7,70 DM
→ Alternative: Konto 8590 (Sonstige Erlöse), sofern mehr oder weniger **regelmäßig** Altmaterial verkauft wird

84

Verbindlichkeiten
an Lieferanten   239,40 DM an Postgiro   232,22 DM
                                       Zins-, Skonti-
                                       und Diskont-
                                       erträge   6,30 DM
                                       Vorsteuer   0,88 DM

85

Verbindlichkeiten
an Lieferanten   1.403,57 DM an Bank   1.403,57 DM

86

Kfz-Unterhalt
(fixe Kosten)   160,00 DM an Postgiro   160,00 DM

3 Verbuchen der Belege

98

Haus- und Grundstücks- aufwendungen	436,80 DM	an	Bank	436,80 DM

99

Bank	7.944,30 DM	an	Forderungen an Kunden	7.944,30 DM

100

Bank	4.000,00 DM	an	Privatkonto	4.000,00 DM

101

Verbindlichkeiten an Lieferanten	121,98 DM	an	Bank	121,98 DM

102

Erlös- schmälerungen Mehrwertsteuer	524,85 DM 73,48 DM	an	Bank	598,33 DM

Juli

| 103 |

Büro- und Zeichenmaterial, Fachbücher und -zeitschriften	68,04 DM		
Vorsteuer	4,76 DM	an Bank	72,80 DM

| 104 |

Privatkonto	133,35 DM	an Bank	133,35 DM

| 105 |

Zins- u. Diskontaufwendungen	99,21 DM		
Sonstige Gemeinkosten	10,00 DM	an Bank	109,21 DM

| 106 |

Grundstücke und Gebäude	158.760,00 DM		
Vorsteuer	1.176,00 DM	an Bank	159.936,00 DM

| 107 |

Langfristige Verbindlichkeiten	2.500,00 DM		
Zins- u. Diskontaufwendungen	820,00 DM	an Bank	3.320,00 DM

| 108 |

Zins- u. Diskontaufwendungen	1.430,00 DM	an Bank	1.430,00 DM

| 109 |

Haus- und Grundstücksaufwendungen	77,75 DM		
Vorsteuer	10,89 DM	an Verbindlichkeiten an Lieferanten	88,64 DM

| 110 |

Verbindlichkeiten an Lieferanten	88,64 DM	an Postgiro	88,64 DM

3 Verbuchen der Belege

| 124 |

Bruttolöhne (Sammelkonto Fertigungslöhne)	16.800,00 DM			
Gesetzliche Sozialabgaben	2.965,20 DM	an	Bank	10.172,40 DM
			Treuhandkonto Lohn- und Kirchensteuer	3.662,40 DM
			Verbindlichkeiten an die Sozialversicherung und Ausgleichskasse	5.930,40 DM

August

125

| Bank | 1.622,00 DM | an | Außerordentliche Erträge | 1.622,00 DM |

→ keine Korrekturbuchung auf Konto 4490 (Steuern, Gebühren, Beiträge, Versicherungen), da sonst der entsprechende Aufwand des laufenden Jahres verfälscht würde

---

126

| Treuhandkonto Lohn- und Kirchensteuer | 3.662,40 DM | an | Bank | 3.662,40 DM |

127

| Verbindlichkeiten an die Sozialversicherung und Ausgleichskasse | 5.930,40 DM | an | Bank | 5.930,40 DM |

128

| Bank | 35,20 DM | an | Forderungen an Kunden | 35,20 DM |

129

Bank	1.526,31 DM	an	Forderungen an Kunden	1.257,30 DM
			Zins-, Skonti- und Diskonterträge	99,01 DM
			Steuer- und Rechtsberatung, Buchstelle	170,00 DM

→ die vorgerichtlichen Kosten sowie der Kostenvorschuß wurden bei Fälligkeit/Zahlung auf Konto 4560 (Steuer- und Rechtsberatung, Buchstelle) gebucht

---

130

| Privatkonto | 432,29 DM | an | Kasse | 432,29 DM |

September

143

Freiwillige Sozial-leistungen (einschl. Gratifi-kationen)	7.600,00 DM	an	Bank	7.600,00 DM

→ Jubiläumsgeschenke bis zur steuerlichen Höchstgrenze sind dann angebracht, wenn ein eingespieltes Mitarbeiterteam durch gute handwerkliche Leistungen den guten Ruf der Firma festigt und entsprechende Gewinne ermöglicht

144

Bilanzielle Abschreibungen	4.333,33 DM			
Außerordentliche Aufwendungen	61,41 DM	an	Fahrzeuge	4.394,74 DM

145

Langfristige Forderungen	10.000,00 DM	an	Forderungen an Kunden	10.000,00 DM

146

Privatkonto	280,00 DM	an	Bank	280,00 DM

147

Kfz-Unterhalt (fixe Kosten)	840,00 DM	an	Postgiro	840,00 DM

148

Bank	1.600,00 DM	an	Haus- und Grundstücks-erträge	1.600,00 DM

149

Postgiro	9.431,57 DM			
Erlös-schmälerungen	168,84 DM			
Mehrwertsteuer	23,64 DM	an	Forderungen an Kunden	9.624,05 DM

150				
Privatkonto	2.400,00 DM	an	Postgiro	2.400,00 DM

151				
Geringwertige Maschinen, maschinelle Anlagen, Geräte und Werkzeuge	720,00 DM			
Werkstoffe	980,00 DM			
Vorsteuer	238,00 DM	an	Verbindlichkeiten an Lieferanten	1.938,00 DM

152				
Personal-nebenkosten	256,20 DM			
Vorsteuer	35,87 DM	an	Verbindlichkeiten an Lieferanten	292,07 DM

153				
Verbindlichkeiten an Lieferanten	142,50 DM	an	Werkstoffe	125,00 DM
			Vorsteuer	17,50 DM

154				
Postkosten (Porti, Fern-sprech- und Tele-grammgebühren)	62,40 DM	an	Kasse	62,40 DM

155				
Verbindlichkeiten an Lieferanten	292,07 DM	an	Postgiro	283,31 DM
			Zins-, Skonti- und Diskont-erträge	7,68 DM
			Vorsteuer	1,08 DM

156				
Verbindlichkeiten an Lieferanten	1.795,50 DM	an	Postgiro	1.795,50 DM

3 Verbuchen der Belege

157				
Geringwertige Betriebs- und Geschäftsausstattung	414,00 DM			
Vorsteuer	57,96 DM	an	Kasse	471,96 DM

158				
Außerordentliche Aufwendungen	45,00 DM	an	Kasse	45,00 DM

Oktober

159

| Privatkonto | 189,60 DM | an | Kasse | 189,60 DM |

160

| Forderungen an Kunden | 1.246,25 DM | an | Erlöse aus Handelswaren | 1.093,20 DM |
| | | | Mehrwertsteuer | 153,05 DM |

161

| Fremdstrom – Gas – Wasser – Heizungsmaterial | 6.700,00 DM | | | |
| Vorsteuer | 938,00 DM | an | Verbindlichkeiten an Lieferanten | 7.638,00 DM |

162

| Grundstücke und Gebäude | 5.569,89 DM | | | |
| Vorsteuer | 779,78 DM | an | Verbindlichkeiten an Lieferanten | 6.349,67 DM |

163

| Freiwillige Sozial-leistungen (einschl. Gratifi-kationen) | 330,00 DM | | | |
| Vorsteuer | 46,20 DM | an | Kasse | 376,20 DM |

164

| Sonstige Forderungen | 3.055,20 DM | an | Betriebsfremde Erträge | 2.680,00 DM |
| | | | Mehrwertsteuer | 375,20 DM |

→ der Heizöl-Anteil der Arztpraxis wird als Verkauf seitens der Firma Hans Blau angesehen; es liegt ein branchenfremder Umsatz vor, der nicht als betriebliche Leistung anzusehen ist und daher auf Konto 9150 (Betriebsfremde Erträge) gebucht wird

165

| Postgiro | 2.500,00 DM | an | Privatkonto | 2.500,00 DM |

3 Verbuchen der Belege

$\boxed{166}$

Verbindlichkeiten				
an Lieferanten	6.349,67 DM	an	Postgiro	6.159,18 DM
			Zins-, Skonti- und Diskont- erträge	167,10 DM
			Vorsteuer	23,39 DM

→ vgl. auch Beleg $\boxed{162}$

$\boxed{167}$

Privatkonto	1.527,60 DM	an	Eigenverbrauch	1.340,00 DM
			Mehrwertsteuer	187,60 DM

→ aus dem angeführten Rechnungsbetrag über 7.638,00 DM sind 20% zu errechnen
  – 20% aus Nettobetrag in Höhe von 6.700,00 DM
  – 20% aus Mehrwertsteuer in Höhe von 938,00 DM

$\boxed{168}$

Verbindlichkeiten				
an Lieferanten	7.638,00 DM	an	Bank	7.638,00 DM

$\boxed{169}$

Bank	1.208,86 DM			
Erlös- schmälerungen	32,80 DM			
Mehrwertsteuer	4,59 DM	an	Forderungen an Kunden	1.246,25 DM

$\boxed{170}$

Erlöse aus Handelswaren	72,60 DM			
Erlös- schmälerungen	8,68 DM			
Mehrwertsteuer	11,38 DM	an	Forderungen an Kunden	92,66 DM

→ vgl. Rechnung vom 7. 10. 19.. (Beleg 160) und Zahlungseingang am
16. 10. 19.. (Beleg 169)
für die Gutschrift vom 18. 10. 19.., die gewissermaßen eine Berichtigung der vorangegangenen Korrekturen darstellt, gelten hinsichtlich des Rechenweges folgende Überlegungen:

	72,60 DM	Erlöse aus Handelswaren (Soll)
+20% von 56,00 DM	11,20 DM	Erlösschmälerung (Soll)
	83,80 DM	
+14% MWSt.	11,73 DM	Mehrwertsteuer (Soll)
	95,53 DM	
./. 3% Skonto	2,87 DM*)	
	92,66 DM	

*) 2,87 DM Skonto sind aufzuteilen in
2,52 DM Erlösschmälerung (Haben!)
0,35 DM Mehrwertsteuer (Haben!)
die in der Lösung angegebenen
– 8,68 DM auf Konto Erlösschmälerungen errechnen sich aus
11,20 DM ./. 2,52 DM
– 11,38 DM auf Konto Mehrwertsteuer errechnen sich aus
11,73 DM ./. 0,35 DM

171

Haus- und Grund-
stücksaufwendun-
gen   26,39 DM
Vorsteuer   3,70 DM
Privatkonto   15,05 DM an Kasse   45,14 DM

November

172

Grundstücke und Gebäude	151.760,00 DM			
Vorsteuer	1.176,00 DM	an	Postgiro	7.980,00 DM
			Bank	144.956,00 DM

173

Außerordentliche Aufwendungen	207,00 DM			
Vorsteuer	28,98 DM	an	Bank	235,98 DM

174

Sonstige Gemeinkosten	21,00 DM	an	Bank	21,00 DM

175

Privatkonto	385,00 DM	an	Bank	385,00 DM

176

Werkstoffe	4,80 DM	an	Kasse	4,80 DM

177

Sonstige Forderungen	2.000,00 DM	an	Kasse	2.000,00 DM

→ die Abschlagzahlungen werden als kurzfristige Forderungen von Hans Blau gegenüber den betreffenden Arbeitnehmern angesehen und mit der nächsten Lohnzahlung verrechnet

178

Postgirokonto	1.230,00 DM	an	Privatkonto	1.230,00 DM

179

Bank	3.500,00 DM			
Mehrwertsteuer	122,81 DM			
Außerordentliche Aufwendungen	877,19 DM	an	Forderungen an Kunden	1.500,00 DM
			Zweifelhafte Forderungen	3.000,00 DM

→ zum Zeitpunkt der Zahlung durch Herrn Zwielicht weist sein Kunden-Konto noch einen Restbetrag von 1.500,00 DM auf

180

Freiwillige Sozial-
leistungen
(einschl. Gratifi-
kationen)   500,00 DM   an   Kasse   500,00 DM

181

Personal-
nebenkosten   160,00 DM   an   Postgiro   160,00 DM

182

Sonstige
Gemeinkosten   224,56 DM
Vorsteuer   31,44 DM   an   Bank   256,00 DM

183

Bruttolöhne
(Sammelkonto-
Fertigungs-
löhne)   18.000,00 DM
Freiwillige Sozial-
leistungen
(einschl. Gratifi-
kationen)   320,00 DM
Gesetzliche
Sozialabgaben   3.279,28 DM
Personalneben-
kosten   260,00 DM   an   Treuhandkonto
                                          Lohn und Kir-
                                          chensteuer   3.642,70 DM
                                          Verbindlichkeiten
                                          an die Sozialversi-
                                          cherung und Aus-
                                          gleichskasse   6.558,56 DM
                                          Sonstige Forde-
                                          rungen   2.000,00 DM
                                          Bank   9.658,02 DM

3 Verbuchen der Belege

Dezember

[184]

| Bank | 24.500,00 DM | | | |
| Aktive Abgren-
zung der Jahres-
rechnung | 500,00 DM | an | Langfristige Ver-
bindlichkeiten | 25.000 DM |

[185]

| Werbungs- und
Repräsentations-
kosten | 200,53 DM | | | |
| Vorsteuer | 28,07 DM | an | Kasse | 228,60 DM |

[186]

| Werbungs- und
Repräsentations-
kosten | 1.188,50 DM | | | |
| Vorsteuer | 166,39 DM | an | Verbindlichkeiten
an Lieferanten | 1.354,89 DM |

[187]

| Außerordentliche
Aufwendungen | 1.083,33 DM | | | |
| Mehrwertsteuer | 151,67 DM | an | Forderungen
an Kunden | 1.235,00 DM |

[188]

| Kfz-Unterhalt
(Betriebskosten) | 784,74 DM | | | |
| Vorsteuer | 109,86 DM | an | Verbindlichkeiten
an Lieferanten | 894,60 DM |

[189]

Verbindlichkeiten an Lieferanten	1.354,89 DM	an	Bank	1.314,24 DM
			Zins-, Skonti- und Diskonterträge	35,66 DM
			Vorsteuer	4,99 DM

[190]

| Außerordentliche
Aufwendungen | 1.400,00 DM | | | |
| Mehrwertsteuer | 196,00 DM | an | Forderungen
an Kunden | 1.596,00 DM |

191

Privatkonto	30,00 DM			
Sonstige Gemeinkosten	60,00 DM	an	Kasse	90,00 DM

192

Forderungen an Kunden	1.100,40 DM			
Verbindlichkeiten an Lieferanten	894,60 DM	an	Erlöse aus Malerarbeiten	1.750,00 DM
			Mehrwertsteuer	245,00 DM

193

Bank	1.596,00 DM	an	Außerordentliche Erträge	1.400,00 DM
			Mehrwertsteuer	196,00 DM

194

Außerordentliche Aufwendungen	4.200,00 DM			
Mehrwertsteuer	588,00 DM	an	Zweifelhafte Forderungen	4.788,00 DM

→ bei Einleitung des Konkursverfahrens gegen den Kunden Jan Wolichewsky wurde die Forderung über 4.788,00 DM auf das Konto 1420 (Zweifelhafte Forderungen) gebucht

195

Außerordentliche Aufwendungen	1.300,00 DM	an	Forderungen an Kunden	1.300,00 DM

→ das gerichtliche Vergleichsverfahren kam so kurzfristig zustande, daß eine Umbuchung auf das Konto 1420 (Zweifelhafte Forderungen) unterbleiben konnte – Buchung bei Zahlungseingang (Bank) nach Abschluß des Vergleichsverfahrens:

Bank	798,00 DM			
Mehrwertsteuer	182,00 DM	an	Forderungen an Kunden	980,00 DM

196

Handelswareneinsatz	40.060,00 DM	an	Handelswaren	40.060,00 DM

3 Verbuchen der Belege

197				
Privatkonto	2.006,40 DM	an	Eigenverbrauch	1.760,00 DM
			Mehrwertsteuer	246,40 DM

→ 1.760,00 DM werden als betriebliche Leistung an den Privatmann Hans Blau angesehen und sind somit mehrwertsteuerpflichtig

198				
Aktive Abgrenzung der Jahresrechnung	560,00 DM	an	Kfz-Unterhalt (fixe Kosten)	560,00 DM

199				
Personal- nebenkosten	360,00 DM	an	Bank	360,00 DM

200				
Eigenkapital	21.340,00 DM	an	Privatkonto	21.340,00 DM

201				
Steuer- und Rechtsberatung	3.500,00 DM	an	Rückstellungen	3.500,00 DM

202				
Bilanzielle Abschreibungen	40.010,00 DM	an	Grundstücke und Gebäude	12.000,00 DM
			Fahrzeuge	15.200,00 DM
			Betriebs- und Geschäfts- ausstattung	3.360,00 DM
			Maschinen und maschinelle Anlagen	9.450,00 DM

203				
Zins- und Diskontaufwen- dungen	130,21 DM			
Bilanzielle Abschreibungen	5,21 DM	an	Bank	130,21 DM
			Aktive Abgren- zung der Jahres- rechnung	5,21 DM

204

| Bank | 960,00 DM | an | Lohnfortzahlung im Krankheitsfall | 960,00 DM |

205

| Rückstellungen | 2.600,00 DM | an | Bank | 2.000,00 DM |
| | | | Außerordentliche Erträge | 600,00 DM |

206

| Außerordentliche Aufwendungen | 2.800,00 DM | an | Bank | 2.800,00 DM |

→ keine Buchung auf einem Konto der Klasse 4, da die Abfindung keine „Kosten" darstellt („Entschädigung für den Verlust des Arbeitsplatzes" – vgl. Beleg)

207

| Personal- nebenkosten | 180,00 DM | an | Postgiro | 180,00 DM |

4 Übungsaufgabe zum Jahresabschluß

(Gewinn- und Verlustrechnung und Schlußbilanz)

Saldenbilanz

In der Saldenbilanz eines Handwerksbetriebes (die Konten sind bewußt *ungeordnet* aufgeführt) ergeben sich folgende Werte:

Maschinen und maschinelle Anlagen	141.690,00 DM
Gesetzliche Sozialabgaben	2.400,00 DM
Privatkonto (Soll 41.700,00 DM	
Haben 5.000,00 DM)	36.700,00 DM
Erlösschmälerungen	3.760,00 DM
Rückstellungen	8.900,00 DM
Langfristige Forderungen	6.800,00 DM
Erlöse aus Handelswaren	14.370,00 DM
Langfristige Verbindlichkeiten	96.200,00 DM
Sonstige Forderungen	1.500,00 DM
Werkstoffe	19.870,00 DM
Zins- und Diskontaufwendungen	456,00 DM
Haus- und Grundstückserträge	12.320,00 DM
Freiwillige Sozialleistungen	
(einschl. Gratifikationen)	2.920,00 DM
Schuldwechsel	23.000,00 DM
Noch in Rechnung zu stellende	
Leistungen	3.800,00 DM
Forderungen an Kunden	28.680,00 DM
Mehrwertsteuer	3.500,00 DM
Sonstige Gemeinkosten	16.110,00 DM

Steuern, Gebühren, Beiträge, Versicherungen	9.740,00 DM
Bilanzielle Abschreibungen	17.490,00 DM
Außerordentliche Aufwendungen	1.200,00 DM
Haus- und Grundstücksaufwendungen	3.980,00 DM
Besitzwechsel	4.500,00 DM
Bank (Guthaben)	21.670,00 DM
Verbindlichkeiten an Lieferanten	13.450,00 DM
Bruttolöhne (Sammelkonto-Fertigungslöhne)	68.980,00 DM
Kfz-Unterhalt (Betriebskosten)	3.959,00 DM
Fertigungsmaterial	54.800,00 DM
Verbindlichkeiten an die Sozialversicherung und Ausgleichskasse	3.600,00 DM
Zins-, Skonti- und Diskonterträge	3.460,00 DM
Grundstücke und Gebäude	149.800,00 DM
Kasse	2.540,00 DM
Miete, Pacht, Leasing	8.780,00 DM
Handelswareneinsatz	11.590,00 DM
Handelswaren	3.680,00 DM
Kfz-Unterhalt (fixe Kosten)	1.740,00 DM
Treuhandkonto Lohn- und Kirchensteuer	13.980,00 DM
Erlöse aus Malerarbeiten (oder: Erlöse aus . . .arbeiten)	324.650,00 DM
Postgiro (Guthaben)	11.890,00 DM
Sonstige Erlöse	6.000,00 DM
Vorauszahlungen und sonstige Guthaben der Kunden	8.000,00 DM
Betriebs- und Geschäftsausstattung	45.540,00 DM
Fahrzeuge	57.900,00 DM
Aktive Abgrenzung der Jahresrechnung	3.500,00 DM

4 Übungsaufgabe

Aufgaben:

A Erstellen Sie die Gewinn- und Verlustrechnung (Erfolgsbilanz)!

B Stellen Sie den Abschluß des Kontos 0890 (Eigenkapital) dar – das Eigenkapial der letzten Bilanz wird mit 216.535,00 DM vorgegeben!

C Erstellen Sie die Schlußbilanz!

Lösungen zur Übungsaufgabe

zu A

SOLL		Gewinn- und Verlustrechnung	HABEN
Gesetzliche Sozialabgaben	2.400,00 DM	Erlöse aus	
Erlösschmälerungen	3.760,00 DM	Handelswaren	14.370,00 DM
Zins- und Diskont-		Haus- und Grund-	
aufwendungen	456,00 DM	stückserträge	12.320,00 DM
Freiwillige Sozial-		Zins-, Skonti- und	
leistungen (einschl.		Diskonterträge	3.460,00 DM
Gratifikationen)	2.920,00 DM	Erlöse aus	
Sonstige Gemeinkosten	16.110,00 DM	Malerarbeiten	324.650,00 DM
Steuern, Gebühren,		Sonstige Erlöse	6.000,00 DM
Beiträge, Versicherungen	9.740,00 DM		
Bilanzielle Abschrei-			
bungen	17.490,00 DM		
Außerordentliche Auf-			
wendungen	1.200,00 DM		
Haus- und Grundstücks-			
aufwendungen	3.980,00 DM		
Bruttolöhne (Sammelkonto-			
Fertigungslöhne)	68.980,00 DM		
Kfz-Unterhalt			
(Betriebskosten)	3.959,00 DM		
Fertigungsmaterial	54.800,00 DM		
Miete, Pacht, Leasing	8.780,00 DM		
Handelswareneinsatz	11.590,00 DM		
Kfz-Unterhalt			
(fixe Kosten)	1.740,00 DM		
Eigenkapital	152.895,00 DM		
	360.800,00 DM		360.800,00 DM

zu B

SOLL		Eigenkapital	HABEN
Privatkonto	36.700,00 DM	Anfangsbestand	216.535,00 DM
Schlußbestand	332.730,00 DM	Gewinn- und	
		Verlustrechnung	152.895,00 DM
	369.430,00 DM		369.430,00 DM

zu C

A K T I V A		Schlußbilanz zum _____	P A S S I V A
Grundstücke und		Eigenkapital	332.730,00 DM
Gebäude	149.800,00 DM	Rückstellungen	8.900,00 DM
Maschinen und		Langfristige	
maschinelle Anlagen	141.690,00 DM	Verbindlichkeiten	96.200,00 DM
Betriebs- und		Vorauszahlungen und	
Geschäftsausstattung	45.540,00 DM	sonstige Guthaben der	
Fahrzeuge	57.900,00 DM	Kunden	8.000,00 DM
Langfristige Forderungen	6.800,00 DM	Verbindlichkeiten	
Werkstoffe	19.870,00 DM	an Lieferanten	13.450,00 DM
Handelswaren	3.680,00 DM	Treuhandkonto Lohn-	
Noch in Rechnung zu		und Kirchensteuer	13.980,00 DM
stellende Leistungen	3.800,00 DM	Verbindlichkeiten an die	
Forderungen an Kunden	28.680,00 DM	Sozialversicherung und	
Sonstige Forderungen	1.500,00 DM	Ausgleichskasse	3.600,00 DM
Besitzwechsel	4.500,00 DM	Schuldwechsel	23.000,00 DM
Bank	21.670,00 DM	Mehrwertsteuer	3.500,00 DM
Postgiro	11.890,00 DM		
Kasse	2.540,00 DM		
Aktive Abgrenzung			
der Jahresrechnung	3.500,00 DM		
	503.360,00 DM		503.360,00 DM

Ort, Datum, Unterschrift

Erläuterungen und Hinweise zur Lösung der Übungsaufgabe

zu A

Zur Erstellung der Gewinn- und Verlustrechnung sind aus den Positionen der Saldenbilanz zunächst alle Erfolgskonten-Salden auszusondern; diese werden anschließend nach Aufwands- und Ertragskonten getrennt und in der Gewinn- und Verlustrechnung einander gegenübergestellt: Aufwendungen im Soll, Erträge im Haben. Als Differenz zwischen der Summe der Erträge (360.800,00 DM) und der Summe der Aufwendungen (207.905,00 DM) ergibt sich im Beispiel ein Gewinn in Höhe von 152.895,00 DM; dieser Gewinn wird auf die Haben-Seite des Kontos Eigenkapital übertragen und somit zum Eigenkapital der letzten Bilanz hinzugerechnet.

zu B

Das vorgegebene Eigenkapital von 216.535,00 DM wird als Anfangsbestand auf der Haben-Seite eingetragen; hinzukommt der in der Gewinn- und Verlustrechnung ermittelte Gewinn von 152.895,00 DM (er erhöht das Eigenkapital). Da die Summe der Privatentnahmen (Privatkonto Soll: 41.700,00 DM) die Summe der Privateinlagen (Privatkonto Haben: 5.000,00 DM) übersteigt, ist der Saldo des Privatkontos (36.700,00 DM) auf die Soll-Seite des Eigenkapital-Kontos zu übertragen (er vermindert das Eigenkapital) – das Privatkonto wird also direkt auf das Konto Eigenkapital abgeschlossen. Dessen Schlußbestand in Höhe von 332.730,00 DM erscheint dann als neues Eigenkapital in der Bilanz.

zu C

Die nach Lösung der Aufgaben A und B in der Saldenbilanz verbliebenen Positionen stellen nunmehr ausschließlich Schlußbestände von Aktiv- bzw. Passivkonten dar. Sie sind unter Berücksichtigung der üblichen Gliederungsmerkmale (Aktivseite: Liquidität – Passivseite: Fälligkeit) auf die entsprechende Bilanz-Seite zu übertragen. Das unter B errechnete neue Eigenkapital bringt dabei die beiden Seiten der Bilanz zur wertmäßigen Übereinstimmung.

Anhang

Kontenplan[1])

Klasse 0: Anlage- und Kapitalkonten

0190 Grundstücke und Gebäude
0270 Maschinen und maschinelle Anlagen
0280 Geringwertige Maschinen, maschinelle Anlagen, Geräte und Werkzeuge
0390 Fahrzeuge
0470 Betriebs- und Geschäftsausstattung
0480 Geringwertige Betriebs- und Geschäftsausstattung
0690 Langfristige Forderungen
0790 Langfristige Verbindlichkeiten
0890 Eigenkapital
0920 Rückstellungen
0930 Aktive Abgrenzung der Jahresrechnung
0940 Passive Abgrenzung der Jahresrechnung

Klasse 1: Finanzkonten

1000 Kasse
1100 Postgiro
1110 Bank

---

1) Vgl. den in der Schriftenreihe des Instituts für Betriebsberatung des deutschen Maler-und Lackiererhandwerks (Nummer 1) erschienenen „Kontenrahmen für das Maler- und Lackiererhandwerk", bearbeitet von Dipl.-Kfm. Hubert Renner, herausgegeben vom Hauptverband des deutschen Maler- und Lackiererhandwerks, Deutsche Verlags-Anstalt, Stuttgart 1973. Das dort dargestellte „Beispiel eines Kontenplans für einen kleineren Maler- und Lackiererbetrieb (bis etwa 10 Beschäftigte)", S. 33 ff., wurde von uns in leicht veränderter Form übernommen

1200	Besitzwechsel
1390	Interimskonto
1400	Forderungen an Kunden
1410	Sonstige Forderungen
1420	Zweifelhafte Forderungen
1480	Vorsteuer
1590	Vorauszahlungen und sonstige Guthaben bei Lieferanten
1600	Verbindlichkeiten an Lieferanten
1620	Treuhandkonto Lohn- und Kirchensteuer
1630	Verbindlichkeiten an die Sozialversicherung und Ausgleichskasse
1640	Verbindlichkeiten an die Urlaubskasse
1660	Sonstige kurzfristige Verbindlichkeiten
1680	Mehrwertsteuer
1700	Vorauszahlungen und sonstige Guthaben der Kunden
1890	Schuldwechsel
1990	Privatkonto

Klasse 3: Konten für Bestände an Verbrauchsstoffen und Erzeugnissen

3090	Werkstoffe
3290	Hilfs- und Betriebsstoffe
3490	Handelswaren
3690	Angefangene Arbeiten
3890	Noch in Rechnung zu stellende Leistungen

Klasse 4: Konten der Kostenarten

4090	Fertigungsmaterial
4100	Bruttolöhne (Sammelkonto-Fertigungslöhne)
4110	Bruttogehälter (Sammelkonto)

4120	Nicht direkt verrechenbare (unproduktive) Löhne und Gehälter
4130	Gesetzliche Sozialabgaben
4131	Umlage zur Ausgleichskasse
4140	Beiträge zur Berufsgenossenschaft
4150	Beiträge zur Urlaubskasse
4160	Entlohnung an gesetzlichen Feiertagen (tariflicher Arbeitsausfall)
4170	Lohnfortzahlung im Krankheitsfall
4180	Freiwillige Sozialleistungen (einschl. Gratifikationen)
4190	Personalnebenkosten
4290	Kleinmaterial, Hilfs- und Betriebsstoffe
4390	Fremdstrom – Gas – Wasser – Heizungsmaterial
4490	Steuern, Gebühren, Beiträge, Versicherungen
4500	Miete, Pacht, Leasing
4509	Sonstige Raumkosten (Reinigung)
4510	Fremdreparaturen
4520	Postkosten (Porti, Fernsprech- und Telegrammgebühren)
4530	Büro- und Zeichenmaterial, Fachbücher und -zeitschriften
4540	Werbungs- und Repräsentationskosten
4550	Reisekosten
4560	Steuer- und Rechtsberatung, Buchstelle
4570	Kfz-Unterhalt (fixe Kosten)
4580	Kfz-Unterhalt (Betriebskosten)
4590	Sonstige Gemeinkosten
4790	Handelswareneinsatz
4800	Nachunternehmerleistungen

Klasse 8: Leistungs- und Erlöskonten

8090	Erlöse aus Malerarbeiten
8490	Erlöse aus Handelswaren

8590	Sonstige Erlöse
8690	Erlösschmälerungen
8990	Eigenverbrauch

Klasse 9: Abgrenzungs- und Abschlußkonten

9000	Außerordentliche Aufwendungen
9050	Außerordentliche Erträge
9100	Betriebsfremde Aufwendungen
9150	Betriebsfremde Erträge
9200	Haus- und Grundstücksaufwendungen
9250	Haus- und Grundstückserträge
9390	Zins- und Diskontaufwendungen
9490	Zins-, Skonti- und Diskonterträge
9590	Bilanzielle Abschreibungen
9890	Jahres-Gewinn- und -Verlustkonto
9990	Jahres-Bilanzkonto

Sachregister

Autoren:

Karl-Heinz Kalbitz, Ltd. Schulamtsdirektor
Jahrgang 1934

Berufsausbildung:
1952–1954 Studium am Berufspädagogischen Institut Gotha/Thüringen
und 1956–1958 am Berufspädagogischen Institut Frankfurt/Main in den
Fachrichtungen Metallgewerbe, Mathematik und Chemie für das Lehramt
an beruflichen Schulen.

Berufspraxis:
1959–1970 Lehrer an der Berufsschule, Berufsfachschule und Fach-
schule für Technik. Seit 1970 Schulaufsichtsbeamter. Ab 1974 an Vorbereitungslehrgängen auf die Meisterprüfung beteiligt, seit 1976 Mitwirkung
und Vorsitz in Meisterprüfungsausschüssen.

Heinrich van der Broeck, Oberstudienrat i. R.
Jahrgang 1923

Berufsausbildung:
1949 Ausbildung im Erzbergbau, Bergingenieur, 1955–1959 Studium an
der Universität Köln in den Fachrichtungen Geologie, Wirtschafts- und
Sozialwissenschaften, Pädagogik.

Berufspraxis:
1959–1962 Ausbildungsleiter und Berggewerbelehrer. 1962–1985 Berufsschullehrer in den Fachgebieten Technologie-Metall, Wirtschafts- und
Gesellschaftslehre. Ab 1968 Mitwirkung in Gesellen- und Facharbeiter-
Prüfungsausschüssen, seit 1975 in Meisterprüfungsausschüssen.

Wolfgang Janischewski, Studiendirektor
Jahrgang 1949

Berufsausbildung:
1970–1975 Studium der Wirtschaftspädagogik (Diplom-Handelslehrer)
an der Universität Frankfurt/Main.

Berufspraxis:
Seit 1975 Berufsschullehrer. Seit 1984 stellvertretender Schulleiter. Ab
1978 Mitwirkung an Vorbereitungslehrgängen auf die Meisterprüfung.

Dr. Detlef Schwarz, Oberstudiendirektor
Jahrgang 1943

Berufsausbildung:
1959–1963 Ausbildung und Tätigkeit in der chemischen Industrie.
1963–1965 Fachlehrer. Danach 1965–1971 Studium an der Universität
Mainz und der Technischen Hochschule Darmstadt in den Fachrichtungen Chemie, Jura, Pädagogik.

Berufspraxis:
Ab 1971 Lehrer an der Berufsschule. Seit 1983 Schulleiter. Ab 1968 an
Vorbereitungslehrgängen auf die Meisterprüfung beteiligt. Seit 1984 Vor-
sitzender eines Meisterprüfungsausschusses.

VOB im Bild

Regeln für Ermittlung und Abrechnung aller Bauleistungen. Nach den Bestimmungen in den Allgemeinen Technischen Vorschriften (Teil C) der Verdingungsordnung für Bauleistungen (VOB)

Von Baudir. Dipl.-Ing. H. v. d. Damerau und Arch. Dipl.-Ing. A. Tauterat. Herausgegeben und bearbeitet von Ministerialrat W. Stern und Ministerialrat R. Franz. 12., völlig neubearbeitete und erweiterte Auflage 1989. Ca. 450 Seiten mit ca. 1200 größtenteils zweifarbigen Abbildungen. Format 21 x 26 cm. Gebunden DM 112,—
ISBN 3-7625-2676-1

VOB 1988 – Gesamttextausgabe

**Verdingungsordnung für Bauleistungen
Teile A, B und C – Ausgabe 1988**

Im Auftrage des Deutschen Verdingungsausschusses für Bauleistungen herausgegeben vom DIN Deutsches Institut für Normung e.V. 1988. 576 Seiten DIN A 5. Plastik DM 44,—
ISBN 3-7625-2684-2

Handkommentar zur VOB,

Teile A und B

Von Prof. W. Heiermann, Rechtsanwalt; Dr. jur. R. Riedl, Vorsitzender Richter am Oberlandesgericht a.D., München; M. Rusam, Ministerialrat; Dr. jur. Dipl. rer. pol. F. Schwaab. 5., überarbeitete und erweiterte Auflage 1989. Ca. 1550 Seiten (Dünndruckpapier). Format 12 x 17 cm. Gebunden DM 189,—
ISBN 3-7625-2682-6

Preise Stand März '89, Preisänderungen vorbehalten.

Bauverlag GmbH · Wiesbaden und Berlin

Schriftverkehr am Bau

261 kaufmännische Briefe aus der Baupraxis mit Sachverhalt, Aufgabenstellung und Suchregister unter besonderer Berücksichtigung des Briefwechsels in der Arbeitsgemeinschaft (ARGE)

Von L. Birko. 1984. 291 Seiten DIN A 5. Kartoniert DM 32,–
ISBN 3-7625-2224-3

Treffende Formulierungen und Kenntnis sämtlicher Formerfordernisse im baukaufmännischen Schriftverkehr bereiten nicht nur dem Berufsanfänger Schwierigkeiten. Zu 261 Musterbriefen werden die typischen Aufgabenstellungen des Alltags — darunter die Korrespondenz mit den Partnern in der Arbeitsgemeinschaft (ARGE) — abgehandelt.

VOB-Musterbriefe für Auftragnehmer

**Bauunternehmen und Ausbaubetriebe.
Formularbuch für die Baupraxis mit Erläuterungen zu den Formerfordernissen der VOB**

Von Prof. W. Heiermann und L. Linke, Rechtsanwälte. 5., durchgesehene und erweiterte Auflage 1987. 148 Seiten DIN A 5. Kartoniert DM 39,–
ISBN 3-7625-2514-5

Die 5. Auflage ist in den Musterbriefen und den zugehörigen Erläuterungen aktualisiert und wesentlich ergänzt worden. Darüber hinaus wurden neuere einschlägige Urteile von besonderer Bedeutung in Kurzfassung in das Buch aufgenommen.

Preise Stand März '89, Preisänderungen vorbehalten.

Bauverlag GmbH · Wiesbaden und Berlin